和谁在一起你就赢了

黄志坚　余江/著

海峡出版发行集团 THE STRAITS PUBLISHING & DISTRIBUTING GROUP | 鹭江出版社 LUJIANG PUBLISHING HOUSE
2015年·厦门

图书在版编目（CIP）数据

和谁在一起你就赢了/ 黄志坚，余江著．—厦门：鹭江出版社，2015.4（2016.1重印）

ISBN 978-7-5459-0919-7

Ⅰ．①和…　Ⅱ．①黄…②余…　Ⅲ．①人际关系学—通俗读物　Ⅳ．①C912.1-49

中国版本图书馆 CIP 数据核字（2015）第 058623 号

HESHUI ZAI YIQI NIJIU YINGLE

和谁在一起你就赢了

黄志坚　余江　著

出版发行：海峡出版发行集团
鹭　江　出　版　社

地　　址：厦门市湖明路 22 号　　**邮政编码**：361004

印　　刷：北京雁林吉兆印刷有限公司

地　　址：北京市密云县十里堡镇红光村 47 号　　**邮政编码**：101509

开　　本：787mm×1092mm　1/16

印　　张：15.5

字　　数：205 千字

印　　次：2015 年 4 月第 1 版　　2016 年 1 月第 2 次印刷

书　　号：ISBN 978-7-5459-0919-7

定　　价：36.00 元

如有发现印装质量问题请寄承印厂调换

自序

2003年秋，在北京创业失败后，我像个败军之将一般“逃”回了长沙。此时，长沙的街头已经有了微微的寒意。我拎着简单的行装游走在繁华都市，心里一筹莫展。虽然有心重整旗鼓，但一时真不知该从哪里入手。

几经周折之后，我来到了长沙某个商业前景很被看好的开发区。经过一番调查和分析，我决定在开发区的某交易大楼旁边开设一个商务休闲茶楼。但是，由于当时该片地区的经营尚未正式运作起来，于是我先到交易大楼内做了一名保安——一来为了等候时机，二来为了熟悉当地环境，为将来的生意铺路。

说实话，此前我连想都没有想过自己会涉足保安这个行业。虽然如此，我还是全身心地投入进来。由于工作认真，处事灵活，我很快被提为保安领班。就这样，我和二十几名保安兄弟一起工作、一起生活，日子波澜不惊地过着。

时间过得很快，一眨眼大半年过去了。直到看到别人的休闲茶楼悄然开张时，我才如梦初醒！我已经沉醉在这种“安逸”的日子里，已然淡忘了当初的目标。或者说，我已经习惯了那种上班敷衍了事混日子、下班喝酒打牌只知玩乐的生活。在周围人的耳濡目染中，我变得消沉迷离，激情不再。

不能再这么“混”下去了！我意识到：长此下去，我必将身陷其中不能自拔——就像那只温水煮死的青蛙一样。

而此时，当初准备开茶楼的资金已经在长期的“小赌”中输得所剩无几，再创业已变得不太现实。该怎么办呢?

我曾经在国企做过行政办公室主任，有一定的管理经验，文字功底扎实，而且写得一手好字。在之前的几个月中，我经常被叫到公司的其他部门去帮忙——制定一些制度、起草一些文案，或者写一些海报。我想，或许可以去那些部门任职吧。我向公司人事部递交了一份详尽的简历，希望有职位空缺时可以考虑我。

然而，我再一次想错了。他们宁可招聘那些能力、经验明显不如我的新人，也不肯给我机会。在他们眼中，我已经被“定型”——你可以当一名保安领班，可以当一个保安队长，但你只是一名保安。

当然，我并没有就此放弃，仍然在寻找一切机会改变处境。幸运的是，一次偶然的机会，我认识了时任长沙某文化公司策划总监的黄志坚老师，共同的爱好、相似的经历让我们相谈甚欢，一见如故。黄老师不但介绍我认识了很多编辑和作者，还手把手地教给了我图书创作、出版的全部知识。在他的影响下，我走上了文学创作的道路。后来我又认识了很多新闻出版方面的朋友……到现在，我不但能和黄志坚老师一起做文化事业，还拥有了自己的印刷厂。因为有众多文化界朋友的支持，印刷厂生意蒸蒸日上。而反观我昔日的保安同事们，做得好一点的当上了保安队长，绝大多数还在浑浑噩噩地“混”着日子……

有句话说：你想减肥，就不要与胖子为伍。因为胖子喜欢吃，你和他在一起，难免会因为馋嘴而染上暴饮暴食的恶习。人是一种高等动物，受“暗示”性很强，模仿能力也很强。我们很容易受周围环境的影响而改变自己。经常与酗酒、赌博的人厮混，你不可能进取；经常与抱怨不止的人为伴，你也会满腹牢骚；经常与贪得无厌之人交往，你也会沦为唯利是图、见利忘义之辈。

需要说明的是，我并不是要贬低保安行业。但一个存在的事实是，有一些保安队伍由于就业门槛低等原因，导致从业人员素质参差不齐，很多人还有粗口、赌博、打架等陋习。再者，因为“保安”这个工作比较简单、清闲，很容易让人滋长一种“惰性”，然后成员之间相互影响，形成恶性循环。在这个世界上，大多数人都是随随便便地结交了朋友，十分轻易地就钻进了一个圈子。这种随意性，往往给自己带来的不是痛苦，就是损失。

我们一生中要和许许多多的人打交道，有的是匆匆过客，有的是长久的朋友。但其实真正能影响到你的，也就是身边的那几个人，他们不但左右着你的思想感情，还从某种程度上决定着你的行为。正是由于他们的存在，才形成了你和他人的复杂关系，也组成了你的生活和你的世界。你是小人物，是因为你还活在小人物的圈子里；你的圈子对了，世界也就对了。

当然，到现在我也没成为一名“大人物”。如果把财富当成衡量成功的唯一标准，我也不算是很成功。但是，我正在一步一步地改善自己的圈子，通过改善圈子来一步步改善自身的处境。也许还有人会说，你做得也不是很好！是的，对于“人际圈子”的经营来说，没有最好，只有更好。我只是把多年来经营人脉的一些经验和心得与大家分享，我相信，你们会比我做得更好。

愿此书能帮助到那些需要帮助的人！

余 江

目录/CONTENTS

第一章 拆掉心灵围墙，打破交际坚冰

002 走出围墙，才能拥有湛蓝的天
005 隔心之墙——戒备心太强，就变成了“敌意”
008 自卑之墙——哪里有“自卑”，哪里就有“孤独”
011 自大之墙——没有人“强”到不需要朋友
015 顾虑之墙——谁人背后无人说
018 保守之墙——养成“捕捉机遇”的生活态度

第二章 展现交际魅力，让朋友不请自来

024 做一只他人眼中的潜力股
027 实力做诱饵，钓得广阔人脉
030 修养和霸气从来都不矛盾
033 主动、积极贡献出自己的“核心价值”
037 展示一些小破绽，反而是一种人格魅力
040 让别人觉得和你在一起有“安全感”
042 个性塑造，打出你在圈中的品牌

第三章 掌握人际心法，汇聚人气

048 会说“场面话”，走到哪儿都不怕
051 多称人家的心，少扫别人的兴
054 凿壁借光，利用别人的光辉衬托自己
057 增加曝光渠道，混个脸熟
060 照顾好每个人的“面子”
063 “有声音”让人铭记，“有主意”带来人气
066 让自己无可取代

第四章 缔造和谐，『好人缘』万事兴

072 不要戴上有色眼镜给人画像
075 碰什么，别碰别人的尊严
078 忍得一时，赢得长远
081 做一个排难解纷的中间人
084 该当红花时当红花，该当绿叶时当绿叶
087 服从但不盲从
090 管好你的舌头，就是管好你的人脉
093 要想钓到鱼，就要像鱼那样思考

第五章 精诚所至，知己的关系铁打的人际

098 共同语言的两个概念
101 你是一个可以说心里话的人吗
105 说者可以无意，听者必须有心
108 下半夜再为自己考虑
111 做圈中的“及时雨”
114 让人放心的“办事能力”
117 忘记你对人的“恩”

第六章 气场修炼，提高人际掌控力

122 有人脉，还要有人脉圈掌控力
125 不求风流倜傥，但求一表人才
129 “气场”不是“气势”
131 内心强大的人自有光辉
135 “举手投足”间让人折服
138 开发属于你的“吸引力”
141 从容不迫——王者之气
144 在不断的自我审视中完成自我塑造

第七章 知心达礼，合作友谊恒久不变

148 人活一世"亲"最真
151 礼仪周全，亲戚开颜
152 无私无悔无求，"情圈子"能圆又能转
155 你娶的是她整个家庭和社会资源
158 别让我的眼泪过夜
162 时间可以提升感情，也可以毁灭感情
165 "施予"是一把双刃剑

第八章 玩转规则，行业人际节节攀升

170 想做什么样的事业，就要进什么样的圈子
173 找一个"师父"领进"门"
176 业内交往不可操之过急
179 勿做"滥好人"，说"不"有方法
182 对内存差异，对外一只拳
184 今天独享荣耀，他朝独吞苦果
188 在逐步位移中实现圈子的同步提升

第九章 互惠共赢，双赢风生水起

192 人投我以桃，我须报之以李
195 强强联手，"蛋糕"才能越做越大
198 朋友变身合伙人，请注意角色转换
201 通过朋友做生意，务必"约法三章"
204 通过生意交朋友，在互利的关系中发展感情
207 擦亮眼睛，谁才是可以"共赢"的人
210 口碑有了，利益就近了

第十章 人际互动，构架最有效的关系网络

214 人际网络交叉重叠，如何游刃其中
217 人际"60 分"，多是"无用功"
220 我的圈中还缺少什么样的人
223 朋友可能是一根藤，但绝对不是靠山
226 圈什么，不如圈人才
229 人脉布局的三个层次：点 < 线 < 面
232 把"关系"升华为人生资本

第一章

拆掉心灵围墙，打破交际坚冰

人终归还是渴望朋友的。人们的错误只在于，关闭了自己的心门，不让别人进去，却又妄想别人能够理解。这当然是不可能的。我们走出现实的围墙，才能欣赏到明媚阳光。

走出围墙，才能拥有湛蓝的天

走南闯北游历了国内的很多地方，到过许多的城市和乡村。因为地域的差异，我可以听到不同的口音，看到不一样的风俗，也能欣赏到各具特色的秀丽景色。我发现，有一道风景是永远不变的——那就是“围墙”。只要在国内，无论何时何地你都可以看到它。

中国的围墙，亘古至今，源远流长。大至名扬中外的万里长城、气势宏伟的紫禁城，小到平民百姓的茅舍民居，都呈现出种种不同的围墙文化。这一发现让人觉得似乎找到了国家长期落后的原因。近些年来，有一些出洋开了眼界的海归，不仅看到欧洲、美国极少围墙，即使到了亚洲的日本、韩国，围墙也不多见，便更感觉问题严重，回来后立即对“围墙文化”口诛笔伐。

那么,中国人为何对围墙情有独钟呢？难道真的是因为“防御”作用吗？我认为，造成这种现象，更多的原因应该归于围墙的另一种用途:属地意识。人的本性从来都在寻找自己的自由空间，都想在属于自己的领地做“皇帝”。把某个空间隔离出来，似乎就可以向别人证明“这是属于我的领地”，在这个区域内，“我”是自由的、安全的，有着绝对的控制权。围墙之内就是一个独立王国，而“我”就是这个范围内的皇帝。

其实，整个中国，从长城到紫禁城、从单位到家庭、从亲戚到朋友，无不是由一个套一个的真实或无形的围墙和圈子构成。由有形和无形的围墙构建起我们的社会结构，这不是个体的简单平面堆积，而是个大圈套小圈的立体集群。在我看来，围墙和圈子的关系密不可分。有形的围墙并不可怕，可怕的是围墙折射出的保守心态——我们在心里建筑了厚厚一堵墙，别人进不来，自己也出不去。有形的围墙阻碍我们的视线，无形的心墙则禁锢了我们的内心。

电视台的一位朋友跟我谈起中外民众的生活态度时，说起一件事：他在美国拍摄外景时，行人都主动冲着镜头打招呼，甚至还有很多人上前来问需不需要帮助，要不要他们说点什么；而在国内，他看到的都是人们避之唯恐不及的画面。的确是这样。我喜欢观赏体育赛事，自然也会携带ＤＶ胡乱拍摄一些什么作留念，每每有国外的代表队（特别是如阿根廷、美国、意大利的团队）在经过我的镜头时，都会冲着镜头微笑、扮扮鬼脸或是做着“Ｖ”形手势。与之形成鲜明对比的是，我们国内的运动员们基本都是一脸漠然地走过。看来，几千年的封建文化已经使中国人把自己的心层层包裹起来，不敢探索，不敢交际，不敢展现自我。

随着社会的进步，地球将逐渐地演变成一个大村落。在欧盟内部，国与国之间的围墙——国界早已打开；2008 年北京奥运会的一句歌词“我家大门常打开”，也成为我们开放心墙的信号。然而，就我们的“圈子经营”来说，中国人内心深处的围墙，作为一种文化遗存，作为一种阶层的隔离带，一种隔离人与人之间信任的精神藩篱，却随着时代发展越加难以逾越。人们习惯于把自己禁锢在那熟悉的一亩三分地里，有意无意地把人与人的交往割裂得那么生疏。

人终归还是渴望朋友的。人们的错误只在于，关闭了自己的心门，不让别人进去，却又妄想别人能够理解他们。这当然是不可能的。我们走出现实的围墙，才能欣赏到明媚阳光。同样，我们需要融入“圈子”，才能发现“圈子”里的乾坤。想拥有一个丰富、和谐的人际关系，我们首先要做的便是将自己的一层层包裹和一副副伪装卸下来。所以，只有拆除心灵的这道围墙才能够拉近自己与他人之间的距离，也只有用一颗宽容的心来信任和平等地对待他人，才能让自己融入人群，更好地生活。

一个性格怯懦、保守的人，在生活中往往追求稳妥，没有勇气去主动承担责任与迎接挑战，把自己局限于一个相对安逸和舒适的境界里，这样，久而久之，为自我封闭状态的形成提供了温床；另外，社会生活中的“惰性”也有可能为自我封闭创造条件。随着社会信息化的发达，大多数现代人的思想和行为跟上了时代的脚步，而有的人可能迷恋于小圈子里那种安逸的生活，不主动去接受外界的信息，随着时光的流逝，很可能造成一种“一步赶不上，处处赶不上”的感觉，久而久之，就有可能落入自我封闭的泥潭。

经常有人要我向他们推荐一些交际、处世方面的书籍，我想告诉大家，如果你没有真正从自设的心灵围墙中走出来，单纯地看再多的交际和处世技巧方面的书也没有多大意义。纸上谈兵的东西一到现实中，往往又会被你条件反射的紧张和恐惧吓跑。我们人脉的匮乏和处世的空白，不是靠几本书能弥补过来的。走出心的围墙，就好比走出国门一样，不走出去，不带进来，哪能起步，哪能改进？

人是具有自然属性与社会属性的高等动物，人的自然属性决定人具备跟动物一样的本性，而人的社会属性则决定人必须跟社会及其周边的人与事物发生关系。由于人具有这两种属性，人与人、人与社会、人与自然的接触与亲近就成为一种必然。让我们将心的围墙拆去，让心在更广阔的空间里遨游。即使前方再危险，也不用害怕，因为你的身旁已经多了一群推心置腹的朋友。围墙里的世界固然安全，但缺少人一同分享；围墙外的世界虽然少不了风雨，却有人一起分担。走出心灵的围墙，你会得到另一个世界！

隔心之墙——戒备心太强，就变成了“敌意”

对人有些戒备心，本无可厚非，正所谓逢人只说三分话，未可全抛一片心。这也是我国长期以来教导年轻人入世时的经典法则，被很多人奉为圭臬。可一旦超越了一定的界限，这种戒备心就会把人与人之间本来应有的交流破坏殆尽。

一个冬天的下午，我下班回家，刚从单位出来，看见路上有一个老婆婆，有点颤巍巍地站在路边，向四周张望，看样子好像是有什么事。大冷天的，前一天还刚下过雪，路面都是冰，年轻人走路的时候都要尽量小心，以免摔倒，我看单位的很多女孩子来上班都没有穿高跟鞋。

我以为老婆婆是要过马路，因为我自己过马路的时候每次都是东张西望的，害怕有车子冲过来。想了想，我快步走到老婆婆的近前，拉住她的胳膊，想问问她是不是要过马路。

“你干什么？”老婆婆大喊一声。我还没有来得及说话呢，被她这一喊，当时就一愣。

“不干什么啊。”我说，“您是要过马路吗？我看着路很滑，怕您摔着，所以过来想扶您过马路，没有别的意思。”我赶紧解释。

“谁说我要过马路，我这是在等出租车。”说完，老婆婆用十分谨慎而戒备的眼光上下打量我，那意思像是在打量一个不怀好意的小偷。她双手紧紧捂住手里的一个小包，里面可能是有钱。

当时我尴尬得不知说什么好，恨不能找个地缝钻进去。她的这种戒备心，真的让我受不了。她简直把我当成了敌人一样看待。纯粹好心的我，当时就变成了别有用心的歹徒、坏分子。

当时我有一个最明显的感受，那就是她的这种戒备心，在我和她之间明显竖起了一堵墙，一堵隔心的墙，虽然看不见，却把两颗心实实在在地隔开了。

总是在防着别人，好像全天下的人都有可能伤害你。如果真的是那样，即便有再好的防范，也无能为力。别人赤诚一片，你却时时刻刻打起精神防着他，这对他而言，不仅仅是无法再和你进行更深的交流，恐怕也会把他推到和你敌对的路上去。本来无意于此，事实上你的行为却造成了自己不曾想到的结果。相信别人是交往过程中最基本的要求，即便不能完全相信，也不能过度防备。一旦超越了一定界限,你的防备心理就会变成有意无意的敌意，让对方深刻地感受到你本无心的敌对态度。

就像上面我对那个老婆婆的帮助一样，本来一片好意，结果却被她像防贼一样防着，对这种戒备心我不能说错，但当时感觉很生气，心里冒出无名的火，同时也感觉自己的尊严在被别人肆意践踏。我想当时如果不是因为她是一个老人，我可能会说上两句难听的话来为自己争辩。不是单纯为了事情本身，而是为了争那口气，排解那种被人当作敌人看待的愤怒，因为我根本就不是也不应该是她的敌人。

虽说害人之心不可有，防人之心不可无，但这个度一定要把握好，太过强烈的戒备心已经不再是戒备心那么简单，量的积累一旦到了相应的程度，它的性质就会发生变化：敌意。这个时候的戒备心完全不再是应该有的戒备那么简单了，你的这种戒备心把对方摆在了这样一个位置上：他很可能在想办法害我，所以我一定要防着他，时时刻刻防着他。但问题是，第一次见面，别人为什么要害你？你有什么样的证据说明别人就如你想象中的那么不堪，就如你想象中的那么不可靠？并非全天下的人都是“小偷”，更不是全天下的人都是你的敌人。如果你戒备过度，和你交往过的人就真的都成了你的敌人，至少他们也会认为，你把他们当成了敌人。

这意味着什么呢？意味着你把自己放到了孤家寡人的位置上，没有朋友，没有可以信赖的人。更严重的是，凡是和你打过交道的人都会认为，你不是可以交往的人，对你充满了敌意。可能这不是你的初衷，但却变成了事实。而造成这一切的不是外人，恰恰是你自己。

人和人之间的交往中最害怕出现的一点，就是彼此之间会发生一些不必要的误会。因为这种误会一旦发生，你可能根本就不知道，心里一点准备都没有。想想看，如果在单位，你整天用这种极强烈的防备心去面对自己的领导、同事、下级，他们的内心会是什么感受？设身处地想想，如果别人把你当成重点防备对象，你是否也想当他的面问一句：我到底怎么了，你为什么要这样防着我？

适度的戒备心是对的，但过度的戒备就会在人与人之间立起一道无形的隔心墙。墙的两边一个是你，另一个是对方，彼此的距离可能不远，或者就是面对面的同事，但由于这道墙的存在，你们之间再也没有了真诚的交流，你在防着他，他在防着你，这都是毫无必要的行为。在这样的环境中工作、生活，别说做出成就，单说坚持待下去都很成问题。

不要把过多精力放在没有必要的防备别人上，做好自己，尝试着真诚对待别人。赠人玫瑰，手有余香。

自卑之墙——哪里有“自卑”，哪里就有“孤独”

一次和一个老上司聊天，谈到对人的看法。他说一个孤独的人不一定自卑，但自卑的人肯定孤独。当初刚听到这句话的时候，不以为然，后来经过一次次的印证，我发现他说的是对的。

在单位里待得时间长了，带的人多了，慢慢地对人的性格有了一些直观上的认识，通过和那些年轻人的深入交往，我越来越清晰地发现一个问题：自卑的年轻人总是很孤独。我不知道他们内心里是什么样的想法，至少他们看上去是孤独的。

记得在读大学的时候，就经常会见到一些这样的同学。一个班里，总是会有那么一个或者几个人显得很自卑，原因不一而足，多数和经济状况、自身的长相、学习成绩等有关。年轻人原本就对这些相对简单的事情看得比较重。不管是什么原因，他们的自卑仿佛是一种深入骨髓的东西，很难去除。

我发现和他们交流是一件困难的事情，首先他们的话不多，其次攻击性很强，自我保护意识非常强烈，再者他们不善于交际。

到了单位，我发现那些年轻人中的自卑者，和学生时代的那些人一般无二。

这些人在开会的时候，总是选择一个无人注意的角落，下班之后总是一个人默默地回去。在周末和同事出来玩的人中间，你永远发现不了他们的影子。用他们同事的话说，这些人就像是独行侠，不愿意和任何人交往，他们似乎永远都喜欢一个人待着。

难道和别人一起玩儿，一起开心工作不好吗？我尝试着问了单位的一名员工，问他为什么总是喜欢一个人，而不是像其他人一样，愿意和别人分享自己的东西，和同事们打成一片，为自己营造一个更广阔的人际交往圈子。

因为这对他以后的职业生涯非常重要。

然而他的回答让我不知所措：我就是喜欢一个人待着！

硬的不行来软的，我想如果用自己上司的身份和他们讲这个问题可能会伤害到他们非常敏感的自尊心，所以尝试着用最平和的语气，以朋友的身份，在漫不经心的情况下问这些人，答案是：我从小到大都很自卑，觉得自己在任何方面都不如身边的人，家庭是这样，学习是这样，现在工作了，还是这样，所以和他们在一起，我的压力很大、很大。与其给自己找不痛快，我为什么不一个人待着呢？

看来我那位老上司的话还是精辟的，孤独的人不一定自卑，但如果骨子里非常自卑的人，想不孤独都不行。因为他们把自己的世界封住了，不让别人走进他们的生活，更别提走进他们的内心了。所以，他们没有朋友，连我这个上司都敢直接顶撞，还有什么人他们不敢顶撞的。而作为朋友，就是要平等交往，没有人会因为你的自卑而宠着你、惯着你，没那工夫。所以，他们注定是孤独的。

可以说，几乎所有有自卑情结的人，都是孤独的，没有朋友、没有伙伴，而这一切都是他们作茧自缚。原因其实并不复杂，就是自己内心的一种状态，但却很难突破。

首先，他们觉得自己不如别人。这种无法抑制的念头始终会萦绕在他们的脑海中，难以消除，不管用什么办法，都很难让他们摆脱长久以来形成的思维定式。越觉得自己不如别人，就越把自己封闭起来。由于人际交往圈子的狭窄，他们能获得的机会也就越来越少，本来应该是他们的机会，也因为这种深深的自卑而不敢去争取。如此恶性循环，导致了一个很严重的后果，那就是越认为自己不行，就越拼命地和别人拉开距离，不敢和任何人进行比较，很害怕，很恐惧，所以形单影只。

其次，他们的攻击性非常强。这是缺乏安全感的缘故，很多自卑者都有这样的心理问题。越自卑，就越要拼命装出一副强大的姿态，用这种方式进行自我保护，拒人于千里之外。最明显的表现就是不能接受别人的意见，不管是什么看法，只要他觉得对自己有任何否定的意思存在，马上就会做出很极端的行为，要么是直接的人身攻击，要么就是做出很让人接受不了的攻击者姿态，似乎马上就要动粗。这种行为不单单吓跑了和他直接起冲突的人，同时也吓住了想要和他交往的其他人。在人际交往的大门外，他们始终是徘徊者。

不需太多表现，上面这两点，就足以让一个人孤独。现代社会是讲求合作、讲求人际交往的时代，有很多规则需要遵守，很多做法需要执行，他们只凭自己的意气行事，结果自然落得个惨淡收场，孑然一身。

只要有自卑，就一定会孤独。这似乎是一个怪圈，打不破的怪圈。

不管内心是什么样的想法，每个人都注定要按照社会的普遍要求去做，这是历史的大趋势，是时代发展的呼唤。否则，就注定了被淘汰的命运。

自卑者的孤独是一种无奈，这种孤独是被动的，是不得已而为之的，并非真的享受这种孤独。武侠小说里的高手很多都是孤独的，那是一种找不到对手的寂寞，而不是因为没有朋友。这是一种很难受的状态，既想和别人一样，能够跟自己的同事谈笑风生，友好往来，同时又不知道该怎样去做。

所以，第一步很重要，只要跨出第一步，后面的步伐就自然而然，水到渠成了。如果觉得和别人交往的第一步跨出去很难，完全可以尝试到大自然中间去寻求帮助。自然是博大的，个人是渺小的，自然是一个充满生机与希望的世界。自卑者，因为完全失去了自信，所以才会变得自卑，而大自然不会对任何人持有任何偏见。在大自然的怀抱里，你可以亲近一棵小草，欣赏一只蝴蝶，观看嬉戏的鱼儿，审视苍老的古木，它们都是可以亲近的，都会对你敞开怀抱，只要你愿意，它们都会成为你的朋友。在这种接触过程中，逐渐释放自己压抑的灵魂，找到自信的源头，开始崭新的人生。

在大自然中慢行，让自己压抑的内心获得最完整的释放，或许你会发现，灵魂就在那一刻得到了解脱。

自大之墙——没有人“强”到不需要朋友

什么是自大？最直白的解释就是认为自己是老大，也就是他是最厉害的，任何人都不能和他比，天上地下，唯我独尊。

《三国演义》里有一个人很有意思，这个人叫祢衡，唯一的特点就是狂妄自大、目中无人。

听说曹操非常欣赏有才华的人，他就跑到曹操的阵营里，把曹操的手下贬得一文不值，不管提到谁，他都认为一无是处，整个军营里，他是最厉害的。曹操没有搭理他，让他做一个打鼓的更夫。祢衡一气之下，把曹操骂了一通，认为曹操不识人才，扬长而去。离开之后，祢衡找了刘表和黄祖两个人。

依旧是老子天下第一，无人可比，刘表没有搭理他，黄祖也没有多说，直接砍头了事。无知的祢衡因为自大惹来了杀身之祸，而更多的人则因为自大失去朋友。

俗话说“一个篱笆三个桩，一个好汉三个帮”，谁能不需要朋友，谁能不需要别人的帮助呢？

孟尝君手下的“士”虽然在王安石看来都是“鸡鸣狗盗”之辈，但就是这些“鸡鸣狗盗”之辈在关键时刻帮了孟尝君很大的忙。王安石觉得自己有本事，但他的变法非但以失败告终，而且还给百姓带来了更大灾难，本来是想减轻农民负担，结果农民负担却越来越重。

如果出一道多选题，让你选一些最不愿意交往的人的性格，自大肯定会是所有人的必选项。它不像自卑，自卑者伤害的是自己，自己把自己变成一个孤独的人。自大不同，它伤害的是别人，是身边的人，自大是对别人的否定和侮辱。

即便在你擅长的领域，你也不可能是全能型的，肯定会有自己的短板。每个人都会有自己的特点，这些特点就是构成人与人之间差别的基础，但差别不应该成为差距，要明白两者之间的关系。你的自大，是建立在对别人的否定和践踏基础之上的。

谁都不愿意被别人踩在脚底下，更何况你并不一定就比对方强。

拉进现实，没有人不需要朋友。你的自大就是把别人阻挡在你的世界之外。比如你是一个大厨，整个厨房里所有的工作都得围绕着你展开，没有人的手艺比得上你，但你敢试试看目中无人的结果是什么吗？

作为一个大厨，你不可能每道工序都是自己亲自负责，需要很多人的配合才能完成一道菜。不然工作就会完成得很慢，客人会跑光的。切菜是一道工序，需要有人做；洗菜是一道工序，需要有人做；把菜端出去也是一道工序，同样需要有人来做。如果你得罪了这些人，试试看会有什么情况出现。这些人稍微做些手脚，你精心制作的一道菜就会变成砸招牌的导火索。洗菜的和你对着干，切菜的和你对着干，端菜的也和你对着干，想象一下都觉得这是一幕恐惧的画面。

没有人不需要朋友，即便你再强！

美国有一个笑话，说有一个很厉害的航母在海上航行，执行任务，突然海上起了大雾，非常浓重的雾气笼罩了整个海面，能见度非常低。舰长来到控制室，亲自坐镇，防止发生任何不应该发生的意外。

这时前面出现了一个微弱的、朦朦胧胧的灯光，舰长命令讯号兵给对方发出信息，大致意思是：这里是 ××× 号，你马上左转多少度，以免撞到我们（他们是世界上最强大的航母，任何海上航行器撞到他们结果都只有一个，那就是沉入海底）。

结果对方很快就发来了回应，大致意思是：××× 号，你们赶快左转多少度，以免被撞到！舰长一看对方发来的信息就火了，他们可是世界上最强大的海上力量，对方居然用这种口吻和他们讲话，简直是不知死活。所以他又命令信号兵，再次强调了自己的身份，重新发了一遍信号：这里是 ××× 号，我是舰长 ×××，你赶快避开我们，以免被撞到！

一会儿工夫，对方的信号来了：我是二等兵，我们这里是灯塔，你们赶快避开……

很显然，这是针对自大狂的讽刺笑话，但却和生活中的很多实际情形差不多。任何一个自大的人，都会碰到这样那样的钉子。自大就像刺猬身上的刺一样，很容易就会伤到和你接近的人。一旦他们被无辜伤到，结果会很糟糕，尤其是当你刺到了很多人的时候。

给你一个字谜，让你打一个字：自大一点都不可爱！是什么？

“臭”。

自大的人可能并不臭，但肯定不招人待见。巴尔扎克说：“自满、自高自大和轻信，是人生的三大暗礁！”这三大暗礁中的每一个都会导致人生的惨淡结局。自高自大尤其如此。把自己看得太高，是因为你在和别人比较的时候，把对方看轻了。但反过来看看，如果别人把你看轻了呢？

为人处世，多个朋友多条路，多个敌人多堵墙。不管是生活中，还是工作上，都是如此。每个人的生活都不会永远一帆风顺，肯定会有遇到问题、遇到困难的时候。这个时候谁来帮你？就是你在平时的生活、工作中相处下来的那些朋友，他们才是你最坚强的后盾。

一个最现实的问题是：没有人能离开别人的支持，尤其是大面积的“群众”的支持。比如单位里的升迁，一般来讲都是内部直接指认，但这个指认并不是毫无来由的，一方面会看你的业绩表现，另一方面也会参照你的综合表现，并不是业绩好的人就一定能当领导，如果你这样想，那就错得没边了。

业绩好但人缘差的，只适合做业务骨干，而不是领导的最佳人选。因为作为领导，你要协调各方面的关系，和自己的部下打成一片，让他们尽心尽力完成工作，而这一点，并不是靠强压能完成的。

记得单位的一次业务经理评选会上，一个业绩非常突出，但却很嚣张的小伙子看到结果时那张惨绿的脸，我都觉得尴尬。他是业务尖子，他的提名是上司提出来的，但同事的投票，他一票没有。

看着他尴尬而不知所措地走出来，我对身边的一个经理说：“这小子的性子是需要磨炼一下了，再像以往那样嚣张，是不行的。”那经理对我说道：“看这次吧，希望这次的打击能让他从自我的那个世界里走出来，不然公司就不会留他了。”

嚣张的人、太过自我的人，在这个需要团队、需要合作的时代里，没有市场。你要做的就是团结一切可以团结的力量，大家拧成一股绳，这样的人才，对公司而言，才是真正能创造价值的人才。

顾虑之墙——谁人背后无人说

人的性格有很多种，从人际交往的表现来看也是多种多样：有的人棱角分明，即便人到中年，仍然我行我素，因为性格中耿直的因素太多；有的人则非常圆滑，八面玲珑，谁都不得罪，老好人是他们的名片……

第一种固然不值得赞同，第二种同样不可取。

谁都不得罪，就是谁都得罪了！

想给所有人都留下美好印象，这是不可能的事情。所谓众口难调，你害怕别人在背后说你点什么，偏偏就有人说。

这是人生的无奈，的确无可奈何！

然而，反过来想想，有人背后说自己又如何呢？

谁人背后无人说，哪个人前不说人。这是人类特有的情怀，或者说是一种不好的脾性，完全不用当回事。但很多人却被别人背后不经意的说三道四吓倒了，因此而改变自己此前还很受欢迎的做人风格，实在是得不偿失。

作为中国最大的电子商务网站，淘宝这个平台几乎无人不知，无人不晓。这个平台最开始出来的时候，对于很多人而言，无异于得到了一个天大的机会，因为这里不单单是全国性的大平台，最重要的是，这个平台是免费的。

这就相当于在超大型的百货市场，你有了一个属于自己的柜台。而且，这个百货市场里的人以百万计、千万计，甚至可以用亿来计算。

很多人因此发了财，当上了梦寐以求的老板。

他们从中得到了外人难以想象的好处。

所以，更多、更多的人涌了进来。当这些后来者还没有开始赢利的时候，管理员突然告诉他们，要缴纳摊位费，否则他们的柜台会被放到一个别人可能根本就看不见的地方。这些小卖家傻眼了！

不是说好的不收费吗？怎么能这样出尔反尔？

他们不干了，很多人开始这样那样质疑，甚至有部分小卖家集结起来，攻击大型卖家。

2010年，这样的新闻在网络上比比皆是。当很多小卖家做出如此激烈的行为之后，马云还是坚持了自己的做法。

我们不去谈论淘宝这项策略本身是对是错，单就淘宝的这项策略而言，他们在制定时，肯定也想到了将会面临的一系列问题，比如小卖家的过激行为。

但他们，至少马云并没有因此而妥协。当很多人开始攻击淘宝，攻击他们不守信的时候，马云还是选择了坚持自己的做法，顶着各种压力将收费的举措进行到底。

现在看看，谁能说马云当时的战略是错误的？还有谁来质疑淘宝商城的成功？

诸多顾虑，前怕狼后怕虎，手足无措，犹豫不决，如果老有这样的思想，还不如退一步，不去考虑如何进取，干脆躲到家里，永远不要出门，那就再也不会有人对你这样那样质疑了。

当然，即使你这么做了，很可能还是会有好事者说三道四，你永远阻止不了少部分人汹汹的八卦热情，这是永远都无法解决的问题。我们能做的就是坚持自己做人的原则，端正自己做人的态度，放掉这些无谓的顾虑。

如果很在意，可以从以下几点来考虑。

第一，反躬自省。“嚼舌根”是一个普遍现象，是制止不了的。有的人可能因为无聊而在背后说三道四，有的人可能因为嫉妒而冷嘲热讽，有的人可能真是出于就事论事的目的发表自己的看法。对于那些言过其实、捕风捉影的说法，完全可以不用理会，爱怎么说由他去。但是，有时候这些言论中可能会有一些对我们有益的东西。所以，需要反观一下自己，看看自己身上是不是真的出现了别人所说的那些问题，有则改之，无则加勉，这对完善自己，提高自己的为人处世能力、做事能力会有很大帮助。一个完美的人是不存在的，但我们可以尽量让自己完美一些。

第二，找到适当的时机予以反驳。很多人的背后言论都是无凭无据的。这些东西大多数都是人云亦云后，再加上其他的添油加醋才传到当事人的耳朵里。一件很小的事情，经过无数人的嘴巴，结果就完全走样了，但真相永远都只有一个。所以在适当的时候，或者是当一些不和谐的言论的确产生了较大影响之后，可以用摆事实的方法予以澄清，或者是可以借助“第三方”将事实摆在众人面前，给那些别有用心的造谣者以应有的回击。

第三，该一争长短的时候，决不妥协。一个有原则的人会受到大家的尊敬,只要你的原则不伤害到别人就行。很多人在背后对别人说三道四的时候，丝毫不顾及人类应有的道德底线，一味胡说八道，从来都没有发生过的事情都能说得活灵活现，有如亲见。只要自己对某人心怀不满，就想着要打击、诬陷对方，毫无道德感地对别人肆意攻击、污蔑。这个时候就是该出手的时候了。比如，有的人工作不积极，但看到别人因为工作认真、勤恳而得到提升，自己不满，胡乱造谣。面对类似情况，到了一定程度就需要据理力争，而不是一味妥协退让。这些人的言论已经严重影响到了团队的士气、和谐的氛围。此时的争辩不单单要用事实来证明，还要背靠“群众”，依靠大家的力量给这种小人以有力反击，要相信大多数人都是有正义感的。

第四，宽容大度，泰然处之。生活里也好，工作中也罢，不可能总是一帆风顺。有人事就会有纷争，有利益就会有争斗，不管是明里也好，暗里也罢，这种事情放在哪里都避免不了。面对这些问题，如果不是很严重，大可以置之不理，所谓谣言止于智者。可能对方放出某些无谓的言论，目的就是想引起你的反驳，那样一来你就等于掉进了对方设好的陷阱。其实，很多背后的负面言论，它们的生命力都极为有限，一时茶余饭后的谈资罢了，过了这段时间，所有人都会很快把那件事情忘掉，而专注地去做自己的事情。

谁能背后不说人，哪个背后无人说。想要避免自己被人谈论负面信息是不可能的，而因此背上心理负担，以此为做人、做事的顾虑，就更大可不必。强大自身才是为人处世的王道，对于那些无谓的评论、不知所谓的非议，一笑置之即可，不用太当真。

保守之墙——养成“捕捉机遇”的生活态度

现在是电脑普及的时代，但你能想象，当初它是怎样的一个庞然大物吗？——要占用几间屋子的空间，只有美国军方才会使用。谁能想象，那样的一个庞然大物，会变成今日今时的不可替代产品。

微软想到了，具体说，是盖茨想到了。盖茨从哈佛退学，成立微软，辛苦创业的事情至今仍然为人津津乐道。当初，他的父母甚至请来了知名人士劝说盖茨放弃这种愚蠢的念头，将大学的毕业证、学位证拿到手。但盖茨还是在“计算机将成为每个家庭,每个办公室中最重要的工具”的信念支配下，离开了哈佛，创办了微软。

事实证明，他是对的。

不管是在商场上，还是在人生道路上，机遇都是稍纵即逝，如果你不紧紧抓住，它将会变成别人的，从此与你无缘。

周星驰拍摄完《长江七号》后，里面的主人公扮演者徐娇来到了《鲁豫有约》的采访现场，当陈鲁豫问她为什么会答应出演一个男孩的时候，她的回答是：“机会一瞬间就会溜走。”

这部片子的热卖，也让这个“小男孩”成为众所周知的人物。

一个 10 岁的小孩子，尚且知道机遇的重要性，更何况作为成年人的我们。

保守是妨碍人类社会进步的大敌。每一次人类向前行进的脚步，总会因为保守派的阻挠，而显得步履维艰。很多时候，需要的不是向前走的力量，而是那份勇气。

无论是科研道路上的创新，还是人类社会的其他方面的进步，我们总能看到保守派和创新派的斗争，小到吵吵闹闹，大到刀兵相向，血流成河。

对于一个人的成长而言，努力固然重要，但善于捕捉并紧紧抓住生活中的各种机遇，是成功不可或缺的条件。

有一种人，他整天忙忙碌碌，他的生活从来不曾有偷工的概念，他永远都是那么忙，永远在勤勤恳恳地做着自己的事情，一个人埋头苦干，在别人眼中，他是勤奋的人、上进的人，在他自己看来，他也是这样的人，但为什么他的人生总是看不到希望，找不到光明？

有一种人，他或许不是那么努力，或许还有些无伤大雅的偷懒的习性，他不是绝顶聪明，也没有左右逢源的为人处世的手腕，但他的生活总是在不断向上，再向上。两三年后，他的人生就已经走到了一个更高的台阶。

这种人，你我身边都能见到。这种人，我们称之为善于把握机遇、创造机会的人。

每个人的前进、成功，都需要很多条件，善于把握机会、创造机会就是其中很重要的一条。

再有本事的人，也需要给自己一个发挥所长的舞台。我们不能要求爱因斯坦成为文学家，也不能让大仲马去搞原子弹。每个人都需要一个适合自己的平台，而这个看似简单的平台，有的时候往往需要自己去发掘。

儒家有“天时地利人和”的说法，兵家则对“势”有自己的一套独特见解。不管是儒家的说法，还是兵家的见解，都说明了一个问题：要想做一个成功者，必须掌握事物发展的规律，了解最有效的信息，捕捉机遇，运用机遇。

机遇是什么？生意场上最能体现出来。

现在一到各个节庆日，最热闹的不是过节的人，而是生意人，他们想着法地运用各种手段，让人们走进商场，走进店铺去消费。

无论是外国的情人节，还是中国传统的七夕，商家都能搞出一套说辞，来说服恋人或者夫妻去消费。消费者开心，他们也开心。

对于他们而言，这样的时间，就是机遇。平时一束玫瑰花十块钱一支，到了情人节，可以卖五十，甚至更多，而且这一天的量可能超过平时的半年。这就是机遇的力量。节假日的促销活动，不知道让多少商家得利，每年的节假日，都是商场最火爆的时候。

试想一下，在国庆节期间，你去逛街，看见一条街上绝大多数商铺门口都插着国旗，弄得大红大紫的，唯独有几家一如既往，毫无反应，对这种节假日促销活动不上心，你愿意走进这样的商铺去看看吗？

人生也是一样。当别人都在拼命给自己创造机遇，捕捉任何一个能得到的机遇时，一个人整天埋着头，干自己的活儿，从来不知道抬头望望天，看看世界都发生了什么变化，这样的人生，会有变化可言吗？他能找到一个让自己不断向前的可能吗？对这样的人来讲，一天，一年，十年，其实没有太大的不同，所不同的就是自己的年龄一直在变化。

事实上，每一个人的一生中都充满了各种各样的机遇。

机遇有它的特性。

第一，机遇具有普遍性。谁敢说，自己这辈子从来没有遇见过适合自己的、很好的机遇？不是没有，而是自己当时没有抓住。没有能将这个机遇真正变成改变自己人生的能量，这是非常遗憾却也普遍存在的事实。

第二，机遇有一定的开发性。这一点是不容置疑的。每一个人能碰见的机遇肯定有那么几次，但并不是所有的机遇都能一次次摆在你的面前，而是需要自己去不断开发，不断创造，“有条件要上，没有条件，创造条件也要上”。对于我们而言，有机遇要抓住，没有机遇，那就给自己创造、开发一个机遇，然后牢牢抓住。因为有时候，人们的生活可能就是缺少那么一个合适的机遇，抓住了便可改变你的一生。

第三，机遇有时间性。任何一个良好的机遇摆在你面前的时候，都不可能永远属于你自己，很可能需要你短时间内做出决定。所谓机不可失，失不再来，一旦失去了，你将永远与那个看似美好的希望失之交臂。

人的一生，可能会面临很多次创新和保守的对决，有的时候，这股保守的力量来自外界，有的时候则来源于你自己。每个人的心中可能都会有两种不同的声音，一个是创新，一个是保守。

保守显得安稳，创新富有激情。而每一次机遇的来临对很多人来讲，可能就意味着一种新的人生展现在你的面前，是选择保守地继续过日子，还是紧紧抓住机遇，甚至创造机遇，取决于你内心那个最渴望的声音。

第二章

展现交际魅力，让朋友不请自来

对人格魅力很难给出明确的概念，但它却能在一个人的身上展现得淋漓尽致。这是一种吸引人的力量，说不清，道不明，却实实在在地存在着。

做一只他人眼中的潜力股

并不是谁都可以在最年轻的时候意气风发，独领风骚，在青春年少的时候抢尽风头，不是业界翘楚，就是行业领袖。出名趁早，赚钱赶晚，话虽然如此，但毕竟能做到这一点的，凤毛麟角，少之又少。比尔·盖茨的经历，对于多数人来讲，只能想想，不能拿他当作自己生活的标准。

与其在比较中不满，不如退而求其次，做一个潜力股的人，至少你要在别人面前展现出你有潜力的一面，让别人意识到你潜在的价值和未来可能的成就。

曾经在单位和一些中层领导吃饭，这些人中绝大多数都毕业于名校，知识丰富，阅历不浅，行业经验也很扎实，其中多数人都是单身。这个年龄段，是打拼的最好时光。大家一致的看法是，35岁以前如果还不能有所成就，以后的路，会倍加艰难。

饭桌上，大家都在畅谈自己理想的时候，一个中层领导的话显得与众不同。他的意思很简单，自己已经结婚了，家里的责任很重，现在没有什么理想可言，就是把自己的工作做好，让自己的老婆孩子能过上好日子。

他说这些话的时候，丝毫不介意别人并非恶意的玩笑。尽管我们认为他的人生差不多已经完了，但他却并不这样想。其他的中层领导的理想几乎清一色是升职、加薪，要在什么时间，做到什么职位。在职场，这是很要求上进的表现。

五年后，那名说自己只想着老婆孩子的中层领导开了一家很大的公司，成为我们公司非常重要的客户。他兑现了自己当初的诺言，让老婆孩子过上了更好的生活。

什么样的人在别人眼中是一只潜力股？

潜力股要有努力进取的精神。每一个人的一生中都会碰到很多的问题。上学的日子看似无忧无虑，即便是那样的岁月，还是有诸多数不清的问题需要自己去克服，去攻破每一个难关，无论是学习成绩，还是同学关系的处理，这都是需要自己亲力亲为，亲自去面对的，外人无法替代。工作中，客户难以签约，工资始终不涨，同事关系不融洽，不能讨领导欢心，前途一片迷茫，找不准未来的定位，等等，这些都是问题，都是难关，在这些问题面前，每个人都会交出自己的那一份答卷。

难题就像大山，摆在人们前行的路上。有的人面对大山而动摇，选择了困守，有的人则选择了坚定不移地往前走，逢山开路，遇水搭桥。他们始终相信，没有比人更高的山，没有比脚更长的路。这一份努力进取的精神，让他们能够走出大山的困局，看见外面更精彩的世界。

潜力股要有责任感。工作是什么？这个问题很值得人们认真思考。很多人认为，工作仅仅就是养家糊口的一份差事，一份让自己一生受苦受累的差事，那你的工作注定会是一场悲剧。很多人倡导将工作当成一种乐趣，但对大多数人而言，这个难度过高。毕竟，早上的闹钟将你从温暖的被窝唤醒时，你不会认为自己要去干一件特别有意思的事情，多数是在无奈中爬起来，无精打采地走进办公室的大门。

事实上，工作更是一种责任。每一个岗位的出现都有它存在的道理，这是经过千万次的实践证明过的。你在这个位置上，就有义务将这个事情干好。

新的一天，不管你的心情是好是坏，你都要告诉自己："这是我的责任，是我分内的事。不管我心里怎么想,本职工作都责无旁贷。"这就像你养了孩子，虽然孩子可能给你带来各种各样的麻烦、问题，但你都要对他负责，这就是父母应该做的事情，应该履行的义务。

在工作中，勇于承担责任，这是大将风度，而不是去做"冤大头"。生活中更是如此。一个有责任心的人，是受人尊敬的；一个有责任心的人，才能扎扎实实地将自己的工作、生活演绎得多彩多姿。

潜力股要有一颗沉稳而坚定的心。做一只潜力股的意义在于从当前的潜力股变为某一天的绩优股。这个过程可能不是很长，但也可能是漫长的。毕竟人生不可能总是一帆风顺，工作上更不可能没有磕磕绊绊。有时不是自己的问题，也会影响到自己的发展，比如整个市场行情的下滑，比如企业高层决策失误造成效益下滑等，这些都会影响自身的发展。

所以，这个过程要求每一个人都要养成沉稳而坚定的心态。面对问题不慌张，面对挫折不气馁，绝不轻言放弃。坚持到底就是胜利，这句话往往是那些取得了胜利的人才最明白，因为很多人还在路上。

目标已经确定，接下来要做的就是坚定这个目标，勇往直前，不因任何问题而动摇自己那颗坚定的心。

潜力股要有野心，或者说是企图心。不同的说法，同样的事实。就是不能安于现状。温水煮青蛙的故事相信很多人都听过，人最可怕的不是贫穷，而是有一颗安于贫穷的心。前者还有解决问题的办法，后者已经无药可救。

任何一个有着非凡成就的人，他的心都是不甘于平庸的，他有着非常远大的理想、非凡的抱负，他一生都在为这个理想、抱负而努力。野心，或者说企图心，是一种冲动、一种本能的激情、一种最原始的欲望，是对成功无限的希冀和向往。这就像旅游，如果你不想去某个景点，在选择地方的时候，你就会在无意间将那个地方忽略掉。

潜力股还有很多其他方面的品质，比如，有一个健康的身体，有良好的个人魅力，有优秀的人际交往手段，有激情，有良好的执行力，等等。这些都是一只潜力股必备的素质。

为什么要做一支别人眼中的潜力股？

因为在你还没有取得成功的时候，你的潜力股价值已经告诉了别人，你就是他们要找的那个人，就是那个值得交往，有能力、有才华，最终能取得成功的人。

实力做诱饵，钓得广阔人脉

成功的人生离不开别人的帮衬，尤其是当今社会背景下，人脉关系的积累显得更为突出。有人总结道，一个成功的人生，有近 70% 源自人脉，剩余 30% 源自自身的知识。

所以，有人提出来，人脉是成功的第一步。如果有人觉得这个结论有言过其实的成分，那下面的例子就能让你眼前一亮。

两年前的一次招聘，一个小伙子给我留下了深刻印象。那是一次例行的业务员招聘，招收对象一般都是知名院校高学历的学生。快要结束的时候，一个小伙子来到我们面前。我看过简历，和身边的人简单讨论了一下，觉得应该直接否掉。

原因是对方的条件和我们公司的要求相去甚远，正当我们准备告诉他不是很合适我们的岗位的时候，这个小伙子拿出了两个厚厚的笔记本，摊开在我们面前，然后笑笑对我说：“这就是我前面三年的收获，没有挣到什么钱，唯一有价值的，我觉得就是这些了。”

我一看，顿时就有眼前一亮的感觉，我甚至有一种感觉，这个小伙子我们无论如何都要留下来。

因为这个人之前的工作也是我们这个行业的，他的两个厚厚的笔记本上，详细记录了当地城市我们所有潜在客户的人事信息，包括各家老板的姓名、联系方式、长相、性格、喜好，甚至是家庭情况等。

这就是他所说的三年的收获，我们看完，当时就拍板把他定了下来。对我们而言，那两个厚厚的笔记本是一笔无形的财富。让他去做这个市场，我们相信，他会比任何人都做得好。事实证明，我们是对的。

人脉非常重要，要积累良好的人脉关系非常困难。不管是朋友、同事、客户，还是社会上其他各行各业的人际交往，这些都可以成为我们的人脉圈子，可以成为日后为我们所用的巨大财富。

想要积累好的人脉关系，死缠烂打并不是明智之举，这就像在和客户谈业务，如果你不能在最短的时间内亮出你的优势、商品的亮点，没有足以打动对方的东西，这笔单子就很难成功。一旦你的客户接受了这些东西，价格永远不是问题。

人脉是设计出来的，为实现这个目标，自身的实力是一个非常好的诱饵。

有句话说，要靠人，先靠己。只有你自己的实力上去了，才能让别人对你有足够的重视。人际交往是一项自利、利他的双赢局面，不是单方面的付出。

试着问问自己，我对别人而言，有什么价值？对别人有用吗？有什么用？用最直白的话说就是，掂量一下自己值多少“钱”。当我们想要和某个人有更深一个层次的交往时，这些问题都要弄得清清楚楚、明明白白。如果你的答案是否定的，那么你将得不到任何人的重视，也就等于说，你得不到任何有价值的人脉关系。换言之，就是你没有被别人“利用”的理由。

所以，当我们和别人交往的时候，一定要在第一时间向对方传达你的价值所在，让对方在最短的时间内了解你的价值，对你这个人进行判断。这样一来，双方才能在更加开放、和谐的氛围下进行更深层次的交流和交往。对我们而言，自己可以利用的价值，就是和别人进行交往的机会。当彼此都有了这种对双方价值的认可，才有可能建立最真诚的信任。

但也有不少人，即便自身有很不错的条件，“可利用价值”非常高，也不善于自我推销，不善于在交流的过程中表现出这种价值，所以在经营人脉关系的时候显得很被动，束手束脚，把自己封闭在一个很小的圈子里，甚至有的人因此而埋没了大好才华。

在与人交往的过程中，个人实力，可以看成一个诱饵，目的是为了更大程度地开阔我们的交际圈子。当你的价值得到更多人的了解、认可后，你的人脉关系也就打开了。如何做到这一点，也并不是难事。

首先，要做的就是自信。一个自信的人，较之一个自卑的人，更容易得到别人的认可和肯定。自信的人，让人看着更舒服，更愿意和你交往。自信的人，才能在与别人交流的时候更多地展现自己，让别人全方位地对自己做出衡量。所谓“酒香也怕巷子深”，如果你没能在第一时间让别人对你的价值有明确判断，他们会很快对你失去兴趣，转而与别人交流，很快你就会被对方忘得一干二净。

其次，对人心要有所了解。所谓攻心就是这个道理。古时带兵打仗，讲的是攻心为上，攻城为下。与人交往，也是这个道理，弄明白对方的心思是很有必要的，因为不同的人会对不同的事物感兴趣。如果你要让一个书法家对电脑程序感兴趣，这是很困难的，即便你有这方面的才华，有这方面的实力，也很难得到对方的承认。如果你和一个业务经理谈业务感受，聊聊你的业务成绩，肯定能在第一时间获得对方的感应，很快产生共鸣，你的价值、你的实力会在最短的时间内得到对方的认可，从而留下一个良好的印象，为以后的交流打下坚实的基础。

最后，展现实力不等于人前卖弄。有的人喜欢在人前夸夸其谈，大讲特讲，仿佛这世界上他懂得最多，知识最渊博，无论别人说什么，他都能在最短的时间内表现出自己的兴趣，并且加上自己的观点。这种行为固然开放，但也惹人讨厌。没有人能真正成为万事通，也没有人能对所有事情都有研究，有短板才是人之常情。如果你非要让自己有样样精通的表现，结果往往会适得其反。

人脉是通往成功、通往财富最方便也最快捷的一条路。好莱坞有一句非常流行的话：要成功，不是靠你知道什么，而是靠你认识谁！管理人脉关系，经营人脉，其实就像经营自己的财富，它需要管理，需要讲究方式方法。积累财富的最直接办法是储蓄，积累人脉的最直接办法也是储蓄。如何才能储蓄更多的人脉关系呢？个人实力是最好的诱饵。

修养和霸气从来都不矛盾

个人修养更多地表现在为人处世的态度上，这是一种接人待物的具体体现，而霸气也是如此，它也是一种处事的态度。两者之间并非水火不能相容，而是两条并行不悖的平行线。霸气并不是没有修养的表现，修养也不是不能包容霸气的存在。

作为电子商务行业的标志性企业，京东商城在电子商务领域占据了越来越多的份额，从某种程度上说，作为一家在淘宝商城出现后仍能不断扩大的企业，京东给了我们很多惊喜。这和京东的老板刘强东有着密不可分的关系。

2012年，电子商务行业价格战最激烈的一个年份。面对传统电商的价格压力，面对同行业的价格压力，刘强东毫不示弱，他曾放言："他们（指国美、天猫、当当网等）都是擦皮鞋的，他们有能力偷袭吗？有能力的人从来都是正面进攻。"

对于刘强东的豪言壮语，媒体评价"霸气侧漏"。这就是刘强东的霸气，是一个成功企业家的霸气，但谁能说刘强东是没有修养的、缺乏起码的为人处世智慧的人？

霸气很容易被理解为霸道强横、蛮不讲理。这是很偏激、狭隘的解释，是对霸气的误读，并没有以一种正面的心态去理解霸气本身真正的意义。这是将霸气当成霸道理解了。

霸气是什么？

霸气是做事的一种方式，如果给它一个更加正面的标签，我们可以将霸气理解成一种王者气度。因为霸气中总是体现着个人的胸有成竹，总是有一份对丑恶的直面不屑与对抗。而霸道不是，霸道是不讲理，是唯我独尊，天上地下只有我是对的，其他人都是错的，所有人都应该按照我的命令行事，不管是不是颠倒黑白。

个人修养体现在很多方面，为人处世是一个方面，但并不是它全部的内容。修养可以是修身养性，可以是高尚的人格、伟大的品性，这是一个非常广泛的概念。古代说修养，意指儒家的完善个人品格，使得自己的言行举止符合一定的标准、规矩。

修养好的人，我们和他们相处的时候会感觉很舒服，能聊得来，可以倾心交谈，而对于霸气的人，我们同样能找到这种感觉。一个人的修养高低，虽然很难给出一个标准，不容易设下一个尺度，但还是可以从众多修养好的人身上看出一些端倪。

好的修养，表现在为人处世方面，有很多需要注意的地方，如果每一条都列出来，内容过于冗繁，但刨除那些不是很核心的内容，还是可以总结一些实质性的内容。

首先，一个有良好修养的人，绝不会自视甚高，因为那是无知的极端表现。现在有不少人，一瓶子不满半瓶子晃荡，总是喜欢在人前卖弄自己的见识，不但有哗众取宠的嫌疑，结果还会适得其反。有修养的人则不会这样，他会思考一个问题:三人行必有我师！不管是谁，无论职位高低，身份如何，每个人都有自己擅长的方面，在这方面不行，未必在别的方面也不行，每个人都有自己引以为豪的精彩。作为领导,他不会刻意把自己当一个领导来看，他会很认真、很耐心地听取别人的意见，而不是搞一言堂。所谓人外有人，天外有天，这个道理，他参悟得很明白。霸道的人如果处在领导的位置，别人除了按照他的意思办事，其他什么都干不了；霸气的人则不是这样，他可能面对问题时不畏惧，面对挫折时不妥协，甚至表现自己强悍的一面，但绝对不会认为自己所做的一切都是对的，相反，他会很乐意听取别人的意见、建议。

其次，有修养的人绝不会轻易求人。这是一个很明显的标志性特点。一个具有良好修养的人会将开口求人当作一件非常艰难的事情，哪怕有一点可能，他在面对问题的时候都希望自己处理，而不是一味地靠着别人的力量。在这个问题上，霸气的人有同样的表现，他是自信的，也是坚强的，他不会轻易向任何人低头，不会轻易表现出自己的无力感。两者都希望能最大可能地挖掘自己的潜力，用自己的能力解决自己的问题。

最后，不把自己的意志强加于人。这是两者最为相似的地方，同时也是能把修养和霸气结合在一起讨论的前提，也是将霸气和霸道区分开来的标志。

霸道从某种程度上说，就是不讲道理，这是典型的霸道表现。有修养的人从不会这样做。他们不会去勉强任何人，也不会将自己的意志强加于任何人。有修养的人会设身处地为别人着想，而不是活在自己的世界里，认为别人都应该是自己的附庸，别人都要对自己唯命是从。霸气的人也是一样，刘强东在面对电子商务激烈的价格竞争时表现出了自己强势、霸气的一面，但这并不等于他要求京东的员工在任何事情上都要按照他制定的路线走，如果是那样，京东也走不到今天。

很多人在谈论修养的时候，总是有意无意地认为，所谓修养就应该是温文尔雅，不应该表现出强势的一面，甚至有的人将修养当成老好人来理解，这是错误的，也是对修养本身一厢情愿的看法。事实上，修养中包含了绝不向困难低头、绝不会唯唯诺诺等特点。而霸气，正是这一方面最好的体现。两者从来都是协调、统一的，而不是矛与盾的关系。

主动、积极贡献出自己的“核心价值”

人际交往是人与人之间的互动，是发出信息、收到信息、处理信息的一个过程。在这个过程中，有人主动释放相应的信号，对方接收信号，然后处理，进而产生交流。这是展开交往的第一步，其实也是扩展人脉最好的指引：要积极主动！

在人际交往过程中，有不少朋友会有“认生”的表现，总是在等着别人先和自己沟通，而不是主动去和别人打招呼。长此以往，造成的结果要么是没有什么朋友，要么是对类似聚会这样的事情产生抵触，进而个人的交际圈子越来越小。只要能走出这一步，积极一点，主动一点，其实你会发现，和别人相处并不是一件非常困难的事。

积极一点，给别人一个正面的信号，更加主动地给对方你最核心的“价值”。这就像面对自己的客户。当你面对一个完全陌生的客户时，你需要做的就是在很短的时间内让他了解你的产品最大的价值在什么地方，让他对你的产品或者服务的“核心价值”有一个直观、明了的认知，而不是让别人去猜。他没有这个时间，更没有这份心情。

怎样能交到更多的朋友，更快地扩展自己的人际网络？最好的办法就是让别人在最短的时间内认识你的价值。一旦对你的价值有了认可，接受了你的价值，那么你在对方的眼中就会是一个比较重要的人，即便你不去找他们，他们也会主动向你示好。这就是价值本身的魅力所在。

以工作为例，人事经理为什么非要选择你，而不是别人？其根本原因不在于他是否喜欢你这个人，而在于他对你的价值有什么样的判断。如果他认为你很适合某个职位，甚至有不可替代性，那他无论如何都会挽留你，让你为公司服务，即便给你开出的薪资较一般人更高，也心甘情愿，这就是你的“核心价值”在关键时刻起了作用。

人际交往同样如此，从陌生到熟识到朋友，这是对一个人的“核心价值”接受并认可的过程。有句话说：在家靠父母，出门靠朋友。想一想，如果你的工作、生活中出现了问题，需要别人帮忙的时候，你的手机通讯录中是不是会有一些，或者几个能帮助你解决这个问题的人？如果有，那说明你的人脉是成功的，起码是合格的；如果没有，就需要回头检讨一下自己过往的行为，对自己的人际圈子重新进行定义。

能帮助你解决某个问题的人，是因为他有这个方面的“价值”，可能也就是因为这个价值，他的电话号码一直留在你的手机里。

积极主动贡献你的核心价值，不但是人际交往圈子扩大的不二法则，同时也是稳固个人人脉的根本所在。你的价值体现是稳固彼此关系的基石。试想一下，有哪个人愿意和一个表现得一无是处的人更深入地交往呢？

当你的朋友出现问题，一个电话找到你的时候，你帮不了他，什么问题你都束手无策，长此以往，非但别人会对你失去耐心，就是自己也会忽略与别人这种朋友关系的维持。

所谓贡献自己的核心价值，直白一点说就是在给予朋友帮助的时候不要吝啬，要让别人看到你的价值所在，这是积累口碑的关键。就像经营一家公司一样，一旦你的口碑上去了，那么你的“个人营销”也就算是及格了，达到了让别人记住，从而产生与你交往的冲动。即便你不去找别人，他们也会在适当的时候出现在你的生活里。

很多人埋怨自己工作很久了，已经30多岁了，工资还是那么一点，虽然“饿不死”，但也“撑不死”，真不知道自己工作那么长时间，到底都干了些什么，有什么意义。

其实，这些人忘掉了一个最重要的道理：难道工作本身的意义就在于那些工资吗？获取工资、养家糊口当然是工作的首要目的。而从工作本身获取财富的这个想法早已被很多人否定。工作的一个最大的意义在于认识更多的人，和更多不同的人打交道，从领导到同事，从客户到竞争对手，这些人才是我们工作的一笔大财富。拥有了这笔财富，适当地运用这笔财富，才是工作给予我们的最大回报。

可能很多人觉得工作并没有给自己的人脉带来多大的扩展，如果这样，不妨尝试着从自己的客户着手，从他们身上“打主意”，将自己的客户变成自己的朋友，在客户面前更加积极主动地贡献你的力量，贡献你不可替代的“核心价值”。

曾经一个很郁闷的业务员找我谈心，他非常不理解的是，为什么自己身边的同事每天的应酬那么多，和自己客户的关系处理得那么好，还经常被客户邀请到公司里讲课，好像他们是“一家人”似的，自己为什么就不行呢？

我也纳闷，就问他平常和客户在一起的时间有多少，都什么时候去见客户。他说就是要卖东西的时候才去。我又问：“如果客户从你手上买了我们的产品，出现了问题，你怎么处理？”他一脸无辜：“不是有售后吗？”

我很明了他的问题症结所在：在客户那里，他其实是一个可有可无的人。如果要进货，客户完全可以打个电话来公司，公司直接发货就行了，并不一定非要通过他。但公司之所以设立这个岗位，绝对不是简简单单让你去卖货，而是让你在这个地方，这条线上和你的客户搞好关系，成为真正的朋友，他有什么问题，你能在第一时间出现，给予他解决问题的办法，比如，我们的产品不好销售，他们的业务员对我们的产品是不是不太了解？是不是需要培训？店面的展示有哪些需要改进？……

这些问题表面上看是客户自己的，实际上，也是你的。因为当你帮他解决了这些问题，让他认识到你的“核心价值”后，以后的合作便水到渠成，没有任何阻力，也不用担心竞争对手“抢地盘”。

展示一些小破绽，反而是一种人格魅力

缺陷，有时也是一种美。

曾经有一档电视节目，邀请很多著名的商界风云人物接受现场采访。一次，两个叱咤商界的企业老总同时来到了电视台。

两个人的表现截然不同。一个侃侃而谈，举止得体，落落大方，言谈话语间挑不出一丝毛病。另一个就显得束手束脚，甚至略带几分紧张，几分不适，给人的感觉和他商界的成功搭不上边。如果单论这次节目上的表现，很难让人相信这个连话都不怎么敢说的人会是一个知名企业的老总。

事后，电视台就这次节目做了一次调查，调查的内容是：两个同样成功的商人，就他们在节目上的表现，谁更让人喜欢，谁的个人魅力更大？

结果让人大跌眼镜，几乎所有人的答案都是那个不怎么敢说话的老总个人魅力更好，更让人觉得有一种难以言说的风采。这个结果是电视台没有预料到的，也是很多人没有想到的。很明显，就两个人的表现而言，那个略显紧张的老总实在很难让人对他产生多大的爱意，但结果恰恰是他。

那个“紧张老总”到底是因为什么原因才会有那样的表现，这个不得而知。但这个事情很好地说明了一个道理：人们更偏爱那些性格中有些小“毛病”的人，而不是对“十全十美”更钟爱，一些无伤大雅的小“破绽”，反

而是一种人格魅力。

现代社会，人格魅力是为人处世的必备基础。对人格魅力很难给出明确的概念,但它却能在一个人的身上展现得淋漓尽致。这是一种吸引人的力量，说不清，道不明，却实实在在地存在着。它和一个人的气质、性格、道德品质、做事能力息息相关，但又不仅仅是这些。

摩根银行曾经有一位非常知名的董事长兼总经理，莫洛。这个位置每年能为他带来100万美元的收入，这在当时差不多是最高收入的一个象征了。而最初的莫洛不过是法庭里的一个小小的书记员，之所以后来的生活会发生如此巨大的变化，完全是因为他高尚的人格魅力所致。他以最诚实、严谨的态度工作，这一态度曾经给单位挽回了很大的损失；他知道如何尊重别人，而且也做到了这一点；他是一个生活上非常有规律的人，每天的安排就像时针的走动一样有规律。当时摩根财团找到莫洛的一个重要原因，就是为他的人格魅力所征服。

人格魅力如此重要，但很多人在这个问题上却产生了一些错误的认识。人们总是在考虑如何做一个“十全十美”的人，而不是就人格魅力本身去思考，无形中走了极端，最终没能达到理想效果，虽然看上去很努力，各方面都做得很好。

每个人都是一个独立的个体，不应该也不可能用同一个标准来衡量，因此人格魅力在这个问题上就有不同的定义：有的人果断，雷厉风行；有的人寡断，却心思细腻；有的人坚韧，百折不挠；有的人爆发力强，一鸣惊人。不同的人，有不同的人格魅力，不同的人，对人格魅力应该有不同的标准，而不是拿别人的标准来衡量自己，最终落得个东施效颦，不伦不类。

这就好比《西游记》中的师徒四人，唐僧是个典型的“胆小鬼”，只要出现妖怪,他就会大喊“悟空,救我”,但你能说唐僧是没有人格魅力的人吗?不能。他是坚韧不拔的人，一心向西天，百折不回，虽然他很怕死，但我们从来没有听唐僧说过“我们散伙吧”这样的话。他是有缺点的人，同时也是顽强的人，就是因为他的这个胆小怕死的缺点，他的人格魅力大放光彩：就这么个怕死的人，从来不说放弃!

相比之下，猴子孙悟空就显得胆大得多，他的口头禅是“妖怪，休走，吃俺老孙一棒”。这样一个猴子，他也是有人格魅力的，面对险恶的环境无所畏惧，面对无上的权威无所畏惧，上敢打玉帝，下敢闹地府。但他太嗜杀，不得已，观音给他上了一道紧箍咒。

在与人相处的过程中，如果事事都表现得过于精明，过于完美，很容易给人造成一种不真实的假象，这种假象会让人对你的印象分大打折扣，而不是加上一个所谓的“完美”标签。

比如，人的性格有外向和内向之分。表现在行为上，外向的人往往喜欢侃侃而谈，口若悬河，自来熟，和谁都有一见如故的感觉，拿自己不当外人，但在与人亲近的同时，也给对方一种难堪大任的感觉，轻浮，不值得信任；而内向的人往往沉默寡言，不动如山，在给人一种深藏不露的感觉的同时，也容易让人对你的品行产生疑问。

人际交往是一门学问，无论面对的是自己的同事、领导、客户，还是亲朋好友，人与人相处，度的把握非常重要，过犹不及，太浅则显得诚意不够，流于表面。在尽可能做到尽善尽美的同时，不妨适时地让自己暴露一些无伤大雅的性格缺陷、弱点、破绽，这样更容易增加个人的印象分，给自己的人格魅力添上精彩一笔。

让别人觉得和你在一起有“安全感”

生活中，工作中，每个人都会有一个属于自己的“小圈子”，也就是平常意义上讲的人际圈子，这个圈子有大有小，因人而异。往往就是这个圈子，决定了我们的一生，它在无形中对我们的工作、生活发挥着这样那样的影响，至于是正面的影响，还是负面的影响，这就要看这个圈子的质量如何。反观自己的人际圈子，这些人是否都能给你带来安全感？

一个能让你产生安全感的人，自然会有让你向他走近的魅力，他不来找你，你也会下意识地向他靠拢。同样道理，如果你能让人对你产生这种交往上的安全感，他们也会不请自来，愿意做你一生的朋友，成为你一辈子的财富。

这种安全感体现在很多方面。生活中，人与人之间的安全感往往被过分强调为男人之于女人的安全感，但事实并不是这样。只要我们静下心来，仔细想一想,就很容易发现这样理解人与人之间的安全感非常狭隘。想象一下，父母对你而言是不是很有安全感？无论你遇到什么问题，只要想想父母，心里就觉得很有底气，不会过分畏惧可能出现的困难、问题，因为他们在你的成长道路上一直扮演着无可替代的担当者的角色。

所以，让别人对你产生安全感，首先要做到的就是敢于担当。

担当，是具有责任心的体现。有担当的人，遇事不退缩，碰到责任不推卸，尽心尽职，勇于担责。作为同事，这样的人是最好的搭档，在该给予帮助的时候不吝啬，在该担负起相应责任的时候不推诿，在面对困难的时候有承担。和他在一起工作，是一种享受，哪怕遇到再大的难关，也不会束手无策、一筹莫展。这种人能给人带来工作上的安全感。

生活中也是如此。不管自己在生活中扮演什么样的角色，都会有相应的责任。父母对孩子有照顾的责任，子女对父母有尽孝的责任，兄弟姐妹之间有相互关爱、相互帮助的责任，这虽然不是成文的法律规定，却是一种无形的道德约束。尽到自己的责任，担负起自己该尽的义务，让亲人满意，对自己也是一个交代。朋友之间更需要这种担当。要让你的朋友感受到你的勇于担当的品行，在具体事情面前尽心尽力，帮助朋友解决问题时全心全意，这是一种精神，一种美德，更是维护人际交往圈子的必备素养。

其次要讲诚信。

“人而无信，不知其可也。”现代社会，诚信尤其重要。在这个信息大爆炸的年代，个人的秘密很难在朋友之间隐藏，一条 QQ 信息、一条微博、一个微信就能让你不守信用的行为彻底曝光。

建立良好的信用，对自己未来的人生意义重大。银行在给客户贷款的时候还会查询相应的诚信记录，人与人之间也是一样。诚信是给人安全感的第一个要素，试想一下，假如不能给对方最起码的信任感，还谈什么安全感呢？留下的只能是不安。

欺骗别人的做法只能在短时期获利，在一件事情上获得好处，从长远来看，这种行为其实是对自己的极度不负责任。一旦背负上“欺骗”这个标签，当你再与别人交往的时候，无论是你的客户，还是朋友、同事，他们都会在第一时间联想到你此前哪怕是仅仅一次的欺骗行为。

最后，建立安全感，就是给人一种可靠的感觉。你凭什么能给人可靠的感觉？凭借的是自身过硬的能力，让别人看到你有过硬的本领，这是给别人留下安全感的核心要素。

一个有能力的人，很容易在最短的时间内赢得别人的信任。作为朋友，出现问题，你能在最短的时间内给出一针见血的解决方案，能在他们最迷惑的时候给出自己的答案，能在他们最无助的时候伸出有力的双手，这就是安全感，就是他们需要的“出门靠朋友”的感觉。他们愿意在第一时间将自己的问题摆在你的面前，听取你的建议，喜欢和你聊他们在生活中面对的各种各样的问题，聊工作中遇到的每一个难关，希望能从你的分析中得到对他们有益的答案。

一个有能力的人，最容易赢得别人的喜爱。领导喜欢有能力的人，因为可以为他们解难分忧；朋友喜欢有能力的人，因为可以给他们雪中送炭；同事喜欢有能力的人，因为可以帮他们提高工作效率，用最短的时间获得最大的收益。

给自己的朋友一种安全感，能让彼此间的友谊更加稳固；面对一个陌生人，在最短的时间内让对方从你身上获取安全感，可以为自己赢得一个新的朋友。安全感是一种感觉，每个人对它的需要是不同的。有的人认为成熟能带来安全感，有的人认为聪明能带来安全感，无论对安全感有什么样的需要，都离不开担当、诚信、能力这三个方面。

个性塑造，打出你在圈中的品牌

“21 世纪的工作、生存法则就是建立个人品牌。”这是美国管理学者汤姆·彼得斯的一句广为流传的话。在今天这个信息大爆炸的时代，如何让别人在最短的时间内对你有一个最直观、最明了的认知？这就需要塑造自己的个性，与众不同的个性。

个性塑造的结果，好比一个企业建立一个与众不同的品牌，对于个人而言，它就是你的个人品牌。个人品牌就像属于个人的光环，不但照耀着自己，让自己在最短的时间内发光，它还有一种无形的魅力，对自己和身边的人都会产生深远影响。在职场上，在自己的圈子里，建立一个自己的品牌，能让你的人生之路走得格外顺畅。

试想一下，当今社会，市场经济如此发达，信息交换如此频繁，交流也越来越方便，每天我们要面对的人甚至成百上千，即便是在自己的小圈子里，让别人对你产生深刻印象，关注你，认可你，也是一件非常困难的事情。所以，差异化就显得格外重要，而建立自己的品牌，不但能让自己看上去更加绚烂夺目，同时也等于给自己建立了一个与众不同的标签，或者说是打了一个非常好的广告，别人可以在第一时间将注意力转移到你的身上。

说到品牌，很多人都会认为这是一家公司或者是某件产品才需要有的东西，和自己没有任何关系，甚至连间接的关系都不会有。这是对自我营销没有清晰认识的错误表现，这是还没有认识到社交的重要性，没有体会到建立人脉圈子的难度的表现。从某种意义上说，这也是对现在的社会认识不足的表现。

个人品牌，可以看作一种最好的个人营销方式，体现的是个人的存在价值，就像企业的品牌一样，能让人在第一时间认识你、了解你，最终走近你。企业或者某种产品通过建立某个让人认可的品牌，最终实现巨大的收益，个人也是一样。

“个人品牌”就是自己的一个广告，一种宣传，或者是对自己的“报价”。它是在给自己定位的基础上发展而来的一个概念，表明的是与众不同的一种优秀的个人素养、个人品行、能力等。

对于拥有相当的知识储备、社会阅历、工作经验的人来讲，这种个人品牌就相当于给自己插上了一双腾飞的翅膀，能更加轻松地飞翔在工作、生活的天空中。对于一个条件相对不是太好的人来讲，这种个人品牌就是工作的保障。

20 世纪 90 年代初，进城务工人员刚形成一股潮流，工作机会还不像现在这样多，很多人在没有活干的时候，只能站在大街上等候，在当时，这算是城市里一道独特的风景。

一天中午，天很热，几十个务工人员像往常一样在街道边上等候工作机会。等了很久，不远处终于来了一个看似需要找人干活的类似包工头的人。这些人都围上去介绍自己，希望能在第一时间得到这份工作。

这个人在人群中没有经过什么挑选，直接选择了一个看上去似乎和其他人并没有什么不同的人。如果非要说有什么不同，就是那个人的衣着有些不同。其他人的衣着基本类似，灰裤白褂，黄球鞋，那个人不一样。

脚上也是一双黄球鞋，但下身穿了一条蓝色牛仔裤，上身穿了一件红色 T 恤，站在人群里显得格外与众不同。后来那个人和这名包工头一直合作，最后两个人从雇主与雇员的关系变成了合作伙伴的关系。

一身打扮，造就了如此不同的结果。就工作水平而言，那个身穿红色 T 恤的人并不见得比别的人优秀，但他的衣着却给人留下了与众不同的印象，从而得到了那份工作。

个人标签就是这样，虽然不能被简单理解成与众不同的穿衣打扮，但性质上却有类似之处，就是让人在最短的时间内在茫茫人群中把你认出来，看出你的不同，在最短的时间内对你产生想认识、靠拢的欲望。这就是品牌的力量。

个人品牌因人而异。就像不同的企业有不同的定位，不同的产品有不同的宣传口号一样，每个人都是与众不同的，要建立自己的品牌，首先就要对自己有一个清晰而明确的认知，对自己的能力有一个清楚的认知，知道自己擅长什么，不擅长什么，能干什么，不能干什么。要在自己擅长的方面多动脑筋，而不是在自己丝毫不懂的领域死磕。

有句话叫“只做唯一，不做第一”，就是这个道理，这也是建立个人品牌的核心理念。

个人品牌的建立是一个长期过程，不能一蹴而就，不能焦躁，需要用时间来积累、培养，慢慢被别人认可，和企业品牌的建立如出一辙。每家企业的品牌都需要经过市场的不断考验，经过客户的不断认知、认可，才能最终确立下来，被所有人接受。个人也是这样，个人品牌的建立也需要这样一个长期过程。

个人品牌的建立不是自封，不是谁说自己有了属于自己的品牌就算建立了。这个品牌是不是真的建立起来了，是不是真的如你所想，这一切都需要别人的评价、印证，最终被他人接受。

个人品牌是我们成功的翅膀，是职场上的通行证，是人格魅力的展示台，是保证我们事业获得成功的信用卡。个人品牌是个人个性塑造后的结晶。一个良好的个性，最终，建立的就是一个完全属于自己的个人品牌。

第三章

掌握人际心法，汇聚人气

中国人不是不能吃亏的，可以吃很多亏，但就是没有人愿意在面子上吃亏。很多人知道打肿脸充胖子是可笑的事情，但这种事情以前有很多，现在仍在发生，以后也难以杜绝。

会说“场面话”，走到哪儿都不怕

过硬的“嘴皮子功夫”是一种本事，口才的重要性早已被不知多少口才专家提过多少次了。这种重要性无论被提起多少次都不为过，因为它的确很重要。

试想一下：你是否在朋友的聚会上一个人默默无闻？当你面对自己的客户时，是否不知道该如何打开尴尬的局面？当你面试的时候，是否因无话可讲而显得局促不安？当你面对“位高权重”的人时，是否会因为不知道该说点什么而心里不停地打鼓？……这些问题，即便是在社会上摸爬滚打了很多年，社会阅历丰富的人也不一定都能游刃有余地处理妥当。而一句或者是几句看似不经意的场面话，就能迅速将你从尴尬的局面中摆脱出来，将你从不知所措中解救出来。

面对陌生的朋友侃侃而谈，直面考官落落大方，会见领导不卑不亢。当你在羡慕这些人的时候，是否想过口才这个被你忽略的生活技能？

很多人有“怕生”的习惯。

作为业务经理，我见到了太多有类似问题的新人。刚进入公司的时候，大家都雄心壮志，希望能在最短的时间内一鸣惊人，没过一个月，很多人都蔫头耷脑，无精打采，问他们原因，答案类似：不知道该怎么和客户谈，有的甚至都不敢出去敲开客户的门。

门都没有进去，这个业务怎么谈？

见得多了，也就知道了，他们是害怕，害怕对方不理睬自己，害怕谈不好，害怕不知道怎么和对方去聊，如此等等。有些不错的，敲开了客户的门，进去了，但第一句话都不知道该怎么讲，局促不安地见过一面，以后再也不敢去了。

卡耐基曾经说过，一个人的成功，约有15%取决于知识和技能，85%取决于沟通——发表意见的能力和激发他人热忱的能力。

简单一句话，要想取得成功，良好的口才必不可少。

古今中外，有太多不得志的人才，最终的结果都是郁郁而终。他们不是没有才能，他们很渴望能得到一个舞台，来证明自己的能力，实现自己的抱负，但是他们不知道该如何去争取这样一个机会，不知道该如何去获得这样的平台。酒香不怕巷子深，这是过去的说法，同时也是错误的说法。现代社会竞争如此激烈，人才的竞争尤其激烈。有限的岗位，无数人争夺，这就是我们必须看清的现实。这个现实要求我们，必须做好“自我营销”，将自己成功推销出去，这是取得成功的第一步。

现代社会越来越注重人与人之间的交流沟通，现代企业讲究的是团队合作，而不是个人英雄主义。这是一个需要合作，而且必须要和别人进行合作的时代，个人价值要放在团队中才能最大限度地发挥出来。

但是，当你面对自己的面试官时，局促不安，谨小慎微，连句话都不知道该怎么说，一脸的胆怯，这样的“人才”，有几个人事经理会认为你是善于交流的人，你是能与他人通力合作的人呢？

美国总统罗斯福就是一个善于和他人攀谈，善于说场面话的高手。

在罗斯福还没有当上总统的时候，一次宴会上，他看见了很多陌生人，当时他就在想，如何才能将这些人变成自己的朋友呢？

罗斯福先开始与自己熟悉一点的一个记者攀谈，从记者那里，他了解了那些人的基本情况，然后走上前去，一一和他们攀谈起来，聊他们感兴趣的话题，用一些看似简单、平常的开场白，仿佛平淡无奇的场面话让对方打开了话匣子。这个做法获得了很大成功，这些人后来都成为罗斯福竞选总统时最有力的支持者和帮手。

理论上，这个世界上没有谁是陌生人。只要你愿意走近他们，和他们开始对话，最终，那些所谓的陌生人都会变成你的朋友，就看你是否愿意，是否掌握了和他们沟通、交流的基本技巧。

面对很多人在场，你可能会说，我是个很怕羞的人，这种场合非常不适合我，我还是尽快走吧。长此以往，你失去的将不仅仅是一个个的聚会，而是更多能帮助你成功的机会。

一次，和很多年轻人坐在一起聊天，什么都聊，最后聊到关于为人处世方面的话题，一个小伙子很有感慨地说："我真羡慕 × 经理那种说场面话的功夫，实在太让人佩服了，几句话就能让人非常舒服，他不是在掌控别人，却能让人不由自主地产生敬佩的心理，而且还觉得亲切，似乎一下子就把自己和别人的距离拉近了。他经常告诉我，不管是在饭桌上，还是在聚会上，都要学着说一些有针对性的场面话，这对我非常有用，但我就是害怕，哎，不知道到底该怎么说才好。每次和客户吃饭，我都想和他们多聊一些，但就是不敢开口，害怕他们笑话我。"

话头一出来，很多人附和，有的人甚至一拍大腿："没错儿，就是这个理，我也是不敢说话，每次都搞得我非常被动。"

我就问他："你怕别人笑话你，笑话你什么呢？同时，如果第一次不说，第二次还不说，以后类似的机会会有多少呢？我如果猜得不错的话，你的那些客户可能现在都不怎么找你出去吃饭了。”

我猜得没错，他的客户找过他两次以后，的确很少找他了。是我，我也不会了，因为那种冷场的情况，我不愿意看到。

场面话很难说吗？绝对不是，就算是听，时间稍微长点儿，也都听会了。因为本来就不是一个很难的命题，没有什么技术含量可言，就是最平常的一些话题，就对方可能感兴趣的事情，就不同的场合说的一些无关痛痒的话，这没有难度。

难的是，不敢开口。

用心去学一些场面话，会说一些场面话。比如，我国酒桌文化源远流长，在酒桌上能说一口流利的场面话，就显得格外光彩照人。所谓“感情深，一口闷；感情浅，一点点”，类似这些，既达到了劝酒的目的，又显得诙谐，轻松。这种人，无论走到任何地方，在任何场合，见到任何人，给人的感觉都是舒服的，没有压力的，亲切的，他们朋友多，事业容易取得成功，活得精彩。

多称人家的心，少扫别人的兴

人最重要的就是汇聚一个属于自己的交往圈子，圈子的形成需要很长的时间。很多人终其一生这个圈子都没有最终形成，而还有很多人在 35 岁之前就做到了。圈子的形成不是时间的问题，关键在于人际交往技巧的掌握熟练与否。

现代社会，人与人之间的交流沟通必不可少，人际交往已经成了一门人人都需要学习的必修课程。人际关系融洽与否，与每个人的未来生活水平、事业发展息息相关。新东方创始人俞敏洪曾经在某一档节目中说过对自己子女在大学时期的要求，第一个就是学习如何与别人打交道，学习为人处世的技巧。这个问题的重要性被无数成功人士奉为经典。

怎么汇聚人气？别扫人家的兴，尽量称别人的心。

有一个非常经典的故事生动说明了这个问题。

明朝开国皇帝朱元璋小时候家里很穷，他给地主放过牛，做过乞丐，当过和尚，后投靠郭子仪，建立义军，推翻元朝统治，建立大明。当上皇帝之后，一个儿时的伙伴来见他。朱元璋有些犹豫，见吧，他担心儿时的这个伙伴说出什么不合适的话来，惹得众人笑话，毕竟儿时那些不光彩的事情，对方全都知道；不见吧，他儿时的伙伴活下来的已经不多了。

几经权衡，朱元璋最终还是见了这个儿时的朋友。此人一进大殿，倒头便拜，口中大喊："我主万岁！当年微臣随驾扫荡庐州府，打破罐州城。汤元帅在逃，拿住豆将军，红孩子当兵，多亏菜将军。"

朱元璋一听，这个人懂事，心里非常高兴，他说的那些事儿都确有其事，只不过对方用了一种非常光彩的说法讲了出来。身为皇帝的朱元璋重重封赏了这位旧时的伙伴。

这个消息一传出来，很快又有一个朱元璋小时候的伙伴来到了金銮殿上，来到之后便站在那里，指手画脚，大大咧咧地说道："皇上，你还记得吗，小的时候，我们都给地主放过牛。有一次，我们偷来了不少豆子，提着罐子，在芦苇荡里煮着吃。不过，当时还没有等豆子熟呢，我们就都抢着吃，结果把罐子也打破了，豆子洒了出来，汤也流了一地。当时你只顾着捡地上的豆子吃，没留神，竟然把红草根当豆子吃了，结果卡在了喉咙里，还是我出的主意呢，让你吞下一把青菜，这样才把红草根给顺进肚子里去。”

还没等这个人说完，大殿上一众文武大臣早就憋不住笑了，朱元璋又气又恼，最终大发雷霆，没有认下这个人，而是喝令武士将此人推出斩首了。

其实，两人都是朱元璋儿时的朋友，经历都是同样的经历，事情也是同样一件事，但两人的遭遇却截然不同。一个获得了大量封赏，一个被杀头。

第一个为什么能获得封赏？他让朱元璋开心了，把话说到了对方的心坎里，称了对方的心意，既表明了自己的身份，的确是对方的好友，也以一种得体的方式陈述了旧情，还表现了朱元璋的英武不凡。而后一个也说出了事情的真相，结果却令贵为皇帝的朱元璋颜面扫地，威严大失。小时候的伙伴见面，不但没有相见的喜悦，扫了对方的兴，而且还惹来了杀身之祸。这虽然和朱元璋本身嗜杀有一定的关系，但这也是后一个“小伙伴”不懂人情世故所致。

与人交往，核心要点在于揣摩对方的心思，如果没有这个本事，那就将心比心。试想一下，如果有人让你觉得不痛快，总是和你别着劲，感觉非常拧巴，你会给对方好脸色吗？就更别谈建立朋友关系了。

听话听音，无论是多人的场合，还是单独会见某个人，不管是以往的旧识，还是今日的新友，尽量顺着对方的心意走，让对方觉得愉悦，觉得顺畅，这样彼此间才能建立起良好的人际关系。老朋友，关系得以维持；新朋友，更加亲密。

扫兴，尤其是人多的时候扫别人的兴，是一件非常不礼貌，也非常让人尴尬的事情。程度稍重，朋友反目都不是没有可能。

例如，朋友聚会，有客户，有同事，有领导，不少人在场。吃饭的时候，有人提议我们喝点酒吧，你说酒还是不要了，对身体不好，喝饮料吧；又有人提议，吃完饭我们去唱歌吧，难得这么悠闲，乐一乐，你说，还是别去了吧，早睡早起，健康生活；又有人提议，那不唱歌，完了我们去迪厅，嗨一下，你说还是别去了，这么晚了，早点回家，省得家里人惦记……

想象一下这个场景，一桌子人闷着头吃饭，吃完饭各自散了，有人在背后小声议论："以后聚会还是别带他出来了，真没劲！"

多数情况下，称别人的心意，并不是随大流的表现，而是让自己融入别人生活的最快捷方式，扫兴无异于将自己排除在多数人的门墙之外。没有人愿意在高兴的时候被别人泼冷水，而且是没有实质意义的冷水。

与人交往，首先是获得别人的好感，进而融入他们的生活。在不违背自己原则的情况下，多顺对方的心意，这样才能更快速建立有质量的人际圈子，在最短的时间内汇聚更多的人气。扫兴的做法哪怕只有一次，也会很轻易地将自己好不容易建立起来的人际关系一次打碎。

凿壁借光，利用别人的光辉衬托自己

聪明的人，善于借势。所谓借势，就是利用别人的力量，达到成事的目的。没有谁的成功是靠着自己单打独斗拼出来的，借助任何能借助的力量，这是睿智的做法。正如荀子所说："君子性非异也，善假于物也。"

在人际交往中，借助别人的光辉衬托自己，就是非常好的一种借势行为。无论是刚进入社会的新人，还是已经取得了不凡成就的成功人士，这一点都可以当作金科玉律。新人一无所有，人际圈子狭小，处理社会关系的能力不强。对于没有任何背景，没有任何技巧积累的新人来讲，善用别人的"光辉"照亮自己，是很值得尝试的方式。光辉在身，为人做事便有了三分硬气，自已有底气，有自信，对方也会有刮目相看的感觉。

对于有了不凡成就的人来讲，这一点仍然适用。因为人们经营的人脉，总是有它的狭隘性的，商界的朋友圈子以商界为主，学术界的专家学者的朋友多数也是学术界的专家学者，工人的朋友多数是工人。所以说，在我们的人脉圈子里，存在着一定的盲点，这些盲点有可能会对自己的事业产生比较重大的影响。在需要有这方面的人际关系的时候，而你恰恰没有太合适的人选，此时如果有能让你“借势”的人，能给你带来“光辉”的人，事情的处理会得心应手得多。

当然，借助别人的光辉并不能简单理解成纯粹靠着“别人的力量”，它还有另外一层意思，就是借助别人的智慧，听取别人的建议，给自己的事业带来助力。

人的精力是有限的，脑力是有限的，在这个地方考虑得多了，另外的地方势必就考虑得少了。任何人都不能例外，所谓“术业有专攻”也就是这个意思。

某企业负责人在公司的管理、人才的使用上很是头疼。虽然公司并不缺乏高级人才，但如何能将这些人才真正转化为公司的资源，为公司的发展提供动力，如何调动他们的积极性、创造性，他一时间找不到很好的突破口。

一个偶然的机会，他在报纸上看见一篇报道，内容大致是一对夫妻经常争吵，闹到了就要以离婚收场的地步。夫妻不和早已成为社会性话题，因此就有人组织了一个活动，让一些经常争吵的夫妻聚在一起，互相倾诉彼此的不满，旁边设立一些嘉宾席，让另外一些也喜欢争吵的夫妻做点评，依次轮换。

效果出乎意料的好。当这些夫妻都说出了自己的不满，狠狠发泄之后，去点评别的夫妻矛盾时，能够就事论事地指出各自的问题和不足。这样平等而深入的对话让这些夫妻很快冷静了下来，从一开始的彼此指责，转变为各自检讨，互相认错。本来争吵得最厉害，就要离婚的那对夫妻也冷静了下来，互相道歉，生活里的很多问题、误会就此解决。

这个负责人大受启发，他决定在自己的公司内部也做一个类似的“冷静交流会”，让大家就公司的发展，公司的制度、章程、奖惩等踊跃发言，各抒己见，同时就具体存在的问题发表自己的看法，包括公司的产品、服务等。

这个方法大受公司员工的欢迎，很多问题在很短时间内都得到了有效解决，极大提高了员工的工作效率，员工的工作积极性也前所未有地高涨。

智慧在碰撞中最容易产生火花。不同部门之间，不同个体之间，虽然因为行业的不同，知识结构的不同，很难就具体问题深入探讨，但这种碰撞对于个人的发展是有利的。学设计的朋友不经意的一句话可能会给你很大的启发，虽然你是做销售的，同样也成立。主意是别人的主意，智慧是别人的智慧，你却用这份智慧、这个“点子”照亮了自己，用别人的智慧光辉衬托了自己。

一个美貌的女人，如果不精心装扮自己，也会显得毫无光彩。相反，相貌平平却善于打扮自己的女人，让人看起来会舒服很多。有人曾言，这世界上没有丑女人，只有懒女人。打扮自己的过程，就是借助外来光辉装点自己的过程。如果说一个女性的先天容貌是一块璞玉的话，那么必不可少的装扮就是匠人最精心的设计和打磨。

现代社会，好的平台对于个人发展的重要性不言而喻。如果要实现自己的价值，获得成功的人生，每个人都离不开一个更好、更高的平台。这个平台的光辉可以照亮我们自己。许多年轻有为的人更愿意在国际知名企业中工作，很重要的一点就是基于这方面的考虑。

如果你要看清一个人，就看看他身边的朋友，如果你要知道一个人的收入，就算算他身边朋友的平均收入，这个平均收入基本上就是这个人的收入情况，不会有太大误差。这就是“物以类聚，人以群分”的道理。当你和成功的人在一起，别人就会在无形中把你当成那一类人，如果你经常和一群游手好闲、无所事事的人混在一起，在别人的眼中，你也将被划入那一类，不管你是不是。

人脉的选择是一个意义重大的课题，对于每个人的一生都有着非比寻常的意义。有什么样的朋友，很大程度上就能造就什么样的你，这就是朋友的光辉产生的潜移默化的影响。在有光华闪耀的朋友面前，时机恰当时，凿壁借光，利用他们的光辉衬托自己，不失为一个智慧的选择。

增加曝光渠道，混个脸熟

如何能让更多的人知道你，关注你？答案很简单，让他们记住你，这是为人处世最直接也是最有效的办法。

在公司开会，一个非常有意思的现象经常出现，凡是有新人来的时候，这些人基本上都坐在最后一排。尽管领导三令五申，大家都尽量靠前坐，让领导熟悉一下，但他们仍然一如既往，好像前排的位置上有毒蛇一样，就是不愿意往前坐。

在讲究个人营销的当下，如果你把自己深深地埋在大众之中，怎么能创造机会，脱颖而出呢？如何让更多的人，对你更有价值的人记住你，委以重任？

当下社会，饭局的意义早已不像农业社会那样，大家坐在一起吃顿好的，而是带有各种各样的目的，每个人都有自己的想法，要么是结识更多的人，要么是巩固已有的朋友关系，稳固自己的交际圈子。人际关系对于事业发展已经成为一种不可或缺的资源和工具。一个篱笆三个桩，一个好汉三个帮，这句话放在现代社会尤是如此。我们要做的不是将自己埋在人海之中，而是要一跃冲天，从众人的大潮中脱颖而出，展现一个成熟、自信、卓越的自己。

是金子放在哪儿都会发光，那为什么不把自己这块金子放在最耀眼的地方，而非要扔进下水道呢？

英国女首相，有“铁娘子”之称的撒切尔夫人，最喜欢做的就是坐在前排。这是一种自信，更是展示自己的最好机会，让更多的人认识你，了解你，走近你，从而给自己营造更多更好的机会，施展自己的才华，一展胸中抱负。

有人曾说，中国目前已经进入浅社交时代，许多陌生人在交往了一两次之后，吃过一两顿饭之后就成了朋友，将对方纳入自己的人脉圈子之中，事实上，两人可能远在不同的城市。很多人都是以此作为自己扩展人脉、积累人际关系的重要手段。

目前市场经济的繁荣有目共睹，商品经济的发达已经到了一个很高的程度，在这样的背景下，越来越多的人开始流动起来，外出办事的人不断地游走于各个城市之间。他们要去见自己的客户，见自己的同事，管理自己的市场等。无论基于什么样的原因，流动的性质造成了不稳定、难以深入的社交模式，这就是浅社交的深层原因。但这种模式的确对于建立个人人际关系起到了很好的作用。它打开了每个人的人脉圈子，扩展了自己的生活天地，积累了良好的社交网络，对个人的事业也正在发挥着积极作用。

这是社会发展的趋势。随着时代的变化，我们的衣食住行在发生变化，我们的行为模式在发生变化，对我们的事业产生重大影响的社交也随之在发生变化。

在这种背景下，抵触显然是不明智的做法，唯一能做的就是适应这种潮流，跟上时代的脚步。在可能的基础上，最大限度增加自己的曝光率，结识更多的人，哪怕就是混个脸熟，也是好事。

无论是一次简单的饭局，还是一次轻松的 K 歌，或者是去享受一下按摩，这些都是和别人建立良好关系的方式方法。为什么要增加自己的曝光？混个脸熟？其实很简单。我们可以反躬自省，自己是愿意和一个熟人合作，还是愿意和一个从未谋面的陌生人合作呢？

坐办公室的朋友也是一样。较之在外办事、经常出差的朋友，坐办公室更有得天独厚的优势，因为你的人脉圈子很固定，更容易建立更深层次的交流和往来。

在单位里，留心看一下那些被领导器重、被同事喜欢的人，他们个个都是人际交往的能手，善于处理各种各样的人际关系，上可以让领导放心，下能让同事舒心。

听朋友说起过一个真实的故事。

一个企业的老总白手起家，非常重视经过几十年打拼创建起来的公司，所以尽管年龄已经很大，头发已经发白，每天还是早出晚归，有时甚至工作到凌晨才离开公司。其他员工都早早下班回家了，他还一个人在单位兢兢业业工作着。

这一切被单位新来的小李看在眼里。大学毕业来到单位没多长时间，他就熟知了老总的这一习惯。从此之后，尽管自己手头的事情都做完了，但他每次都会在老总离开后才走出办公室的大门，第二天一准在老总来之前到公司报到。

有一天晚上十点多，老总突然临时有事，又找不到人手，推开门一看，很自然地喊了一声：“小李，进来，我有事找你。”

机会就此降临到了小李的身上。其实事情本身并不是很大，只是需要多一个人帮忙。就因为当晚的小事，刚过实习期的小李，转正后就成了老总的贴身助理，短短三年就升任项目经理，在公司手握大权。

人际社交，对于年轻人来讲，尤其重要。35岁以前，你可以穷得一贫如洗，一文不名，但有一件事必须做好，那就是建立一个良性的稳固的人脉圈子。这个圈子的建立对于未来的事业发展至为关键。

俗话说，一回生，两回熟。第一次是陌生人，第二次就会熟悉很多，办事也自然方便了许多。节假日一个温馨的祝福短信，生日里一份意外的小小的生日礼物，聚会时多多到场，这都是增加自己在人前曝光的方式。尽量让别人记住你这个人，而不是见过几次面之后，对方还一脸陌生地问“你是谁？”

照顾好每个人的“面子”

给别人留面子，就是给自己留后路。给很多人留面子，就是给自己留更多、更大的后路。不管是家庭生活中，还是身处职场或者是朋友圈中，多留意别人的面子，多多照顾别人的面子，给大家都留下良好印象，对以后的人脉拓展助益良多。

朋友越多越好，敌人越少越好，没有最好。中国人向来注重“脸面”，把面子问题看得非常重要。无论是从个人尊严角度，还是因为虚妄的虚荣心，客观上，这都是一种需要，他需要，你需要，我也需要。既然是自己也很在意的东西，别人也一定非常在意，自己不想被伤害的东西，别人也自然不想被伤害。所以，在与人交往的时候，尽量多考虑别人的面子问题，给更多的人留下面子。如果因照顾某个人的面子，而得罪了另外一个人，这样的结果形同结交了一个朋友，却多了一个敌人，表面看没多没少，不增不减，没有得到利益，也没有损害自己，事实上，这样的行为得不偿失，费力不讨好。朋友可以通过种种渠道获得，敌对关系的确立，却非常难以化解。

给每个人面子，就是要照顾好每个人的感受。一句看似无心的话，可能就会得罪一个重要的人物，一个不经意的举动，可能就会让某些人颜面尽失，这样的例子不胜枚举。

某员工的姓名非常特殊，三个字中有两个生僻字，还有一个多音字："仝六烨"。这三个字的正确发音是：仝——tong；六——lu；烨——ye。如果拿到一份名单，看见这样一个名字，第一时间可能很多人都会愣在当场，不知道该怎么读，尤其是"六"这个字，很多人都会想当然地读成"六个"的"六"。事实上，它不这么读。

这名员工报到时间不长，单位开会，很大规模的会议。大家围坐在一起，业务总经理拿着一份名单，说道："工六（liu）华同学来到我们单位的时间虽然不长，但表现非常出色，短短一个多月的时间，接了三个比较大的单子，这让我这个业务总经理脸上很是光彩啊，小伙子，干得不错，好好努力，来，给大家说说你的成功之道！"

会上，大家你看着我，我看着你，都是一头雾水，没听说单位有这么个人啊，业务部人来人往，大家彼此都比较熟悉了，从来没听说过有"工六（liu）华"这么个人，难道是新来的？

很长时间没人答应，旁边的业务副经理有点坐不住了，歪着头看了看总经理手上的名单，一眼就看到了"仝六烨"这个名字，顿时恍然大悟。

于是这名副经理赶紧一个劲儿地看全六烨其人，时间这么长，全六烨也明白了，老总说的其实就是自己，所以他有点不好意思地站起来说道："对不起，总经理，我叫全六烨，不叫工六（liu）华，让您误会了！"

气氛一下子尴尬起来。

总经理的脸上非常不自然，想干笑两声，自我解嘲，也很难做到，这么多人看着，这个台实在难下。

一旁的经理助理赶紧站起身，大声说道；"对不起，总经理，是我不好，没有仔细检查这份名单。刚刚才让人事部打印出来，油墨没有了，所以打印得很不清晰，有些字没有打印出来。刚刚签到的时候，全六烨同学可能也没有太留意，都是我的错！"

听助理这么一说，总经理顿时如释重负，一脸轻松，大度地向助理摆摆手："没关系，这次就算了。毕竟我们是大公司，正规企业，以后类似问题多注意！"

站在那里尴尬不知所措的新人全六烨也一脸感激地看着经理助理，暗叹自己虽然业务做得不错，但职场中为人处世的本领和助理相比，还差得太远。

经理助理一番看似简单的话，不仅为总经理赢回了面子，而且还照顾到了公司新锐力量，可谓是左右逢源，滴水不漏，在为人处世方面已深得个中三昧。

人人都需要面子，尤其是在我们这样的国情之下，面子问题有时候就是成败得失的关键。为人处世讲究内方外圆，过于圆滑的人不招人喜欢，如果棱角太过分明，则会惹人讨厌。每个人都有自己天生的一种性格基因，在人际交往过程中，你既能碰到和自己志趣相投的人，也会碰到不那么让你喜欢的类型。和自己喜欢的人交往，这是自然而然发生的事情，和自己不那么喜欢的人交往，这是现实的需要，是生活、工作、事业发展的需要。不能因为自己不喜欢某种类型，脸上就展露无遗，无形中树敌而不自知。

中国人不是不能吃亏的，可以吃很多亏，但就是没有人愿意在面子上吃亏。很多人知道打肿脸充胖子是可笑的事情，但这种事情以前有很多，现在仍在发生，以后也难以杜绝。为什么？究其根源，就两个字：面子。

中国人讲究的是礼尚往来，投之以桃，报之以李。你给我面子，我就给你面子，你不给我面子，对不起，你就是我的敌人，甚至是交恶严重的敌人。这样的现实逼着我们去学习交往的技巧，学习处世的本领。人脉积累需要方方面面的技巧，需要学习很多知识，需要不断地总结成功、失败的经验教训。当着矮人不说短话，不能因为取得了一点点成绩就目中无人，自我膨胀，这不仅会让自己停滞不前，还会因为这样的行为得罪本该成为朋友的人。

于失意人前不说得意事。在经济条件不太好的朋友面前，不要过多谈论和金钱有关的问题，你不说，对方也知道你比他过得好。相反，不经意地提出一句“我的房子太小了，明年估计就可以换个小别墅了”，看看结果会怎么样。

一桌子人，都会和你划清“界限”，老死不相往来！

“有声音”让人铭记，“有主意”带来人气

羞怯是人际交往的第一道障碍，要敢于说出你的看法，发表你的观点，适时提出合理化建议和意见，给人眼前一亮的感觉。人们都喜欢和有观点、有主意、有办法的人在一起，而不太愿意和一个默默无闻、沉闷无语的人有

过多的接触和交往。

与人交往，一回生二回熟，这是普通意义上的交往法则。多多与人接触，时间久了，对方自然而然就能记住你，感情在不知不觉间建立起来。但事实上，现在的社交形态正在向“浅社交”的方向发展。很多人，很多朋友，很多合作伙伴，很多客户，并不能经常见面，有的甚至远隔千山万水，一年能见上两三次面已经算是不错。在这样的大环境下，如果仍抱着原来的深交方式与人交流，很可能事倍功半，达不到理想效果。这个时候需要做的就是在最短的时间内让对方记住自己，重视自己，而不是见一面之后，第二次见面了，你还要进行自我介绍：“你好，我是 ×××！”

这样的社交，这样维护人脉关系的方式是失败的。很多人在面对陌生人、面对朋友的时候，总是在思考一个问题：少说话！之所以会这样想，是因为之前受到不少告诫，人前少说多做，不会犯错。乍一看是很稳妥的方法，实际上却失去了很多结交朋友的机会。

人们在超市里购买商品，总是喜欢到醒目的地方，到宣传最多的地方转一转。这是一个需要营销的时代。让别人听见你的声音，他们才能注意到你，将注意力转移到你的身上。要在同类人才中脱颖而出，最好、最直接的办法就是让那些需要这类人才的人关注到你。而想被关注的最直接办法就是让他们知道你这个人，而不是坐等他们来发掘。

机会是自己创造的。身边的不少朋友聚会看似不少，但朋友数量其实不多，人脉圈子也很小，只是个别的同事，外加一些亲戚。注意观察他们的生活，你会发现，他们可能并不一定很内向，但在与人交往的过程中过分保守。碰到问题不是顾左右而言他，就是沉默不语、一言不发。当别人在高谈阔论的时候，他一个人躲在安静的角落，默默听着。多次聚会下来，很多人甚至都不知道这个人曾经和他们多次在一起。

烟花在绽放的那一刻最美丽，汽笛在鸣响的那一刻最雄壮。敢于发出你的声音，说出你的看法，哪怕无聊的攀谈，闲扯的废话，毫无意义的讨论，彼时彼刻，都是最有意义的事情。谈什么，怎么谈，不重要，重要的是，对方知道了你这个人，你能在这种攀谈中给身边的人留下别人没有留下的印象。这样你就是成功的。

人们喜欢开朗的人、外向的人，尤其是在当下交流日益重要的大背景下。交流本身早已成为一个课题，一个人人都需要认真研究的课题。但如果交流都没有展开过，这个课题就等于胎死腹中，即便有再多的技巧、再丰富的经验，都显得毫无意义。

让别人听见你的声音，而不是听你跟随大流，嘴边总是挂着“对对对，是是是，嗯嗯嗯”这样的语气词。人们都喜欢和有主见的人交流，和有主见的人深入交往。随声附和、唯唯诺诺的人总是被排除在社交的大门之外，不会被大多数人接受。人云亦云，鹦鹉学舌，注定会被轻视，纵然声嘶力竭，你的声音也会湮没在别人的叹息声中。

人们喜欢听的是“你”的声音，是你独一无二的声音。在与人交往的过程中，我们不但要勇于发出自己的声音，说出自己的看法，还要保持自己鲜明的个性、与众不同的特点，不随大流。每一个观点、每一个看法都应该是自己智慧的结晶，而不是将别人的看法复述一遍，做一个“复读机”。

不但要让别人听见自己的声音，还要让他们对自己的声音有眼前一亮的感觉。人们总是喜欢那些有办法的人。

通常情况下，有点子的人，无论走到哪里，都会受到重视，受到人们的一致欢迎。可能连他们自己都不清楚，为什么自己的人气那么高，为什么自己会那么受欢迎。这就是智慧的魅力。

刚进入职场的新人，对职场的一切都不清楚，不知道该怎么和同事、领导、客户打交道，不知道该如何处理这些复杂的社会关系。面对这一切，他们显得束手束脚，不知所措，形单影只，彷徨无靠。每当看见这些新人，我就会想起自己刚刚进入职场的时候，最初与他们何其相似。我记得最清楚的就是自己刚进入公司不久，老总开了一次新人大会，会上他针对新人的问题，很明确地说出自己的看法："新人不要畏惧，不要担心。你们只要记住一点，那就是做个有办法、有主意的人。领导交给你一件事，你办成了；再交给你一件事，你又办成了；第三次，你还是很漂亮地办成了。这样，你就能在最短的时间内脱颖而出，而不是像现在这个样子，迷茫不知所措。"

他讲的这些话，我至今记忆犹新，虽然我已经不在原公司上班了。经过细细品味，我觉得虽然是简单的几句话，其实非常实用。领导喜欢什么样的下属？能办成事的！在与人交往的过程中，对方喜欢结交什么类型的人？能办成事的，能给他们最实用的建议，帮助他们办成事的。如果你是这样的一个人，何愁不能在35岁以前形成自己的人脉圈子？何愁不能打开一个人际交往的崭新天地？

"有主意""有办法"的人，聚拢人气的能力无与伦比。

让自己无可取代

怎么能赢得更多人的青睐？怎么能迅速扩大自己的人脉圈子？怎么能在最短的时间内让自己精于人际交往，打开一片天地？这些怎么做的问题反过来问一下，可以总结成一个问题：为什么对方要与你交往？

每天的早餐，人们可以选择喝一杯豆浆，吃两根油条，也可以选择吃两块面包，喝一杯牛奶，还可以是一碗小米粥，两个馒头……没有固定的形式，几种之间，都是可以替代的。这就像人与人之间的交往，别人为什么要和你交往，而不是和 ××× 呢？我们每天可能要见很多人，有很多选择，最终选择的为什么会是你？对你而言，最好的答案是：你是无可取代的！

有一则职场故事广为流传。

某公司业务员甲向乙诉苦，说自己在公司实在待不下去了。乙询问原因，甲说自己现在的工作简直就是一团乱麻，糟糕透顶了，领导总是拿自己出气，老是和自己过不去，还喜欢刁难自己。同事也不愿意帮助自己，还经常开各种各样的玩笑明里暗里嘲笑自己无能。客户奸猾难伺候，好不容易弄到一份订单，每次都把自己累得像条狗一样，就这样每个月的任务还是完不成。

乙点点头，深表同情，同时乙很有深意地告诉甲，现在离开对他来讲其实非常不明智。甲不解，问他为什么。

乙大方解释道：既然这么痛恨这家公司，现在离开，对公司而言没有任何损失，为什么不想办法报复公司一下呢？你现在的客户资源还很少，自己的工作经验还不足，再坚持一段时间，更加努力地工作，多积累一些客户，那个时候你再离开也不迟。

甲想了想，觉得乙说得有道理，于是安下心来工作，不埋怨不抱怨，勤勤恳恳工作，踏踏实实做事。工作开始慢慢有了起色，客户资源越来越多。

一段时间以后，乙看见甲，笑着说道："现在你可以离开了。"

甲也笑了："我不会离开了，因为老总已经升任我为业务经理了！"

为什么甲之前会遭受那么多所谓的非议、不公与刁难，根本原因只有一个，那就是这个岗位上，不管是甲在干，还是乙在干，或者是丙在干，结果都是一样的，有他没他，没有区别。当他在报怨自己的那些遭遇时，恰恰忽略了最重要的问题——自己才是最重要的。

当你的价值大到别人无法忽略，别人无法替代的时候，你的生活从此便会发生改变。很多年轻人都喜欢跳槽，两年时间换三五个工作是家常便饭。他们总是在抱怨，总是怨天尤人，总是喜欢在背后非议自己的领导，说他们没有眼光，却从来没有想过自己身上是否有让对方值得重视的东西，自身价值是否真的达到了让领导足以重视的地步。

人际交往是互动的过程，彼此交换各自需要的东西。当你能给出的不足以打动对方，当你的价值没有任何亮点，彼此交往的意义就失去了最坚实的基础。

当大家都在用脚走路的时候，你的背上有一双能飞翔的翅膀；当大家都在用眼看前方不远处的风景时，你有了一双千里眼，一对顺风耳；当你的价值无可替代，当你的能力出类拔萃，当你的智慧如星耀天际，你会发现，朋友会如众星拱月般围绕在你的身边。

要想成为什么样的人，就要和什么样的人为伍。如果要让自己变得聪明，那就要和聪明的人在一起；如果要让自己变得优秀，那就要和更优秀的人在一起；如果想获得成功，就要尽量多与成功的人打交道。从他们身上学习更多知识，了解更多信息，获取更多经验，将自己变成一个更加优秀、更加卓越、更加完美的人。只有成为这样的自己，你才能成为无可替代的自己，才能在人际交往中占据优势，聚拢人气，让别人主动向你走近，就像当初你向他们走近一样。

每个人都是独一无二的。可悲的是，更多的人将自己定义为“大众”，这种定义和平庸彻底画上了等号。多数人都是平凡的。我们可以做一个平凡的人，但不能做一个平庸的人。要在有限的生命里，将自己的价值最大化，将自己的特长发挥出来，将自己最有优势的一面展现出来，在人生道路上谱写出与众不同的音符，这才是我们应有的人生，这样才能吹响自己成功道路上最嘹亮的号角。

发现自己的不平凡，找到自己的优势所在，强化优势，淡化弱点。做一个强大的人，做一个有价值的人，做一个无可替代的人，这是人际交往最大的技巧，是社交最高深的心法。因为人们都喜欢向强者靠拢，向强者看齐。人们更愿意以强者为榜样，而不是每天学习如何成为弱势群体，如何让自己的生活过得更糟糕。

有一只猫头鹰在树林里总是忙来忙去，很少能见到它停下来。黄鹂很奇怪，就问它：你为什么总是那么忙碌？

猫头鹰很无奈地回答，自己在搬家，一直都在忙着搬家。

黄鹂更奇怪了：你不是刚搬来这个地方没几天吗？为什么又要搬家了呢？

猫头鹰哭丧着脸说道：它们都嫌我的叫声太难听了，我不得不搬走。

黄鹂明白了，对猫头鹰说：你如果不改变自己的叫声，搬到哪里都不会有人喜欢你的，你这一辈都会不停地搬来搬去。

很多人的生活就像是猫头鹰，总是游走于不同的社交场合，但总是找不到合适的朋友，人脉圈子始终也没有因为他辛勤的努力而有丝毫变化，他自己还觉得非常委屈，因为他已经很努力在做了，结果为什么会是这样呢？

要变的不是环境，而是自己。让自己强大，更强大，成为那个无可替代的人。在圈子里，或许你的分析能力是最好的，或许你的人脉是最广的，或许你是最冷静的那一个，或许你是最有激情的那一个，或许你是最擅长表达的那一个……这样的自己，无论在哪个场合，你都会是人们谈论的对象，大家目光的焦点。

第四章

缔造和谐，“好人缘”万事兴

人际交往最忌讳的一点是，用同样的方式跟不同的人打交道。对人说人话，对鬼说鬼话，目的在于进行无障碍交流，而不是普通意义上的将人分为三六九等。

不要戴上有色眼镜给人画像

工作、生活中，我们看待一个人的时候，很容易受到来自外界的影响，给人贴上这样那样的标签。评价人的依据，不再是这个人本身的作为，而是从这个标签出发，来判断对方的是非功过。这是典型的戴着有色眼镜看人的表现，让自己的思维不知不觉中走入误区，进而做出过于主观臆断的评判，与事实相去甚远。

最简单的例子就是每年大学毕业季，很多单位都会到各大高校招收新员工，为公司补充新鲜血液。这些人进入公司，领导给他们上的第一堂课就是告诉他们社会和学校的区别，让他们忘掉自己大学生的身份，忘掉天之骄子的身份，从零做起，从基层做起。既没有行业经验，也没有为人处世的技巧，在老员工的眼中，这些人脸上都贴着同一个标签：新人！

事实上，据我多年的观察，这些新人中大多数固然懵懂，但也有不少出类拔萃的，他们不但在大学期间就积累了比较不错的行业经验，而且为人处世也做得相当完美，有个别人几乎无懈可击，较之很多老员工还要优秀。在能力上，他们能在最短的时间内学到公司最核心的东西，为人处世上，也精明能干，各方面关系都处理得很好。有些人甚至能在不到一年的时间内就走上领导岗位，让很多老员工大跌眼镜。因此，一旦有新员工晋升太快，公司总会开个会议做一下特别说明，为的就是安抚老员工那颗躁动不服的心。其实，老员工不服气，完全没有任何理由。有的新人能在半年的时间内为公司做出巨大贡献，而那些老员工，几年的时间都在混日子。他们不服的不是别人客观上做出的业绩，而是对新人没来由地轻视。

看人，听其言，观其行，这才是应取之道。每个人都有自己独一无二的气质，特殊的个性，人人不同。有的人内向些，可能会被加上一个不爱与人交往的标签；有的人过于外向，可能会被多数人认为轻浮；有的人精明，可能会被误解为自私。人们对待外人的评价，总是会加上自己的主观色彩，在有了自己意见掺杂的情况下，很难如实反映他人的真实情况。这样得出的结论，不再是客观的描述，而是主观的猜测臆断，甚至有主观强加的成分在内。在选择朋友的问题上，如果一味听取这样的意见，过分依赖这种意见，按照这种意见结交朋友，很容易失去真正值得交往的人。

以偏概全，这是人们经常会犯的一个错误，一竿子打翻一船人。而人们最容易受到这种意见的左右，在看待问题、看待别人的时候，往往喜欢揪住某一个方面的问题，给出一个负面的结论。

英国前首相丘吉尔是个酒鬼，非常喜欢喝威士忌，每天都要睡到中午才起床，大学期间还有吸食毒品的记录。美国前总统罗斯福不但是个烟鬼，而且还有婚外情。这两个人都是在世界舞台上发挥了举足轻重作用的人物，他们对“二战”取得胜利都做出了非常大的贡献，罗斯福更是被认为是美国历史上最有名的几位总统之一。就是这样的两个人，如果把他们身上那些负面的毛病挑出来，一一陈述，摆在你的面前，你愿意和这样的人结交吗？谁愿意和一个酒鬼打交道，还吸食过鸦片？

但事实是，他们都做出了非常伟大的成就，即便有这样那样的过失、问题，也丝毫不妨碍他们成为伟人，成为一个对社会有积极、正面作用的人。

没有人能十全十美，一生不犯任何错误，这就是客观事实。我们要客观地对待每个人，理智地看待他们身上的问题，冷静地观察他们的能力。任何人都是有缺点的。人非圣贤，孰能无过。不是有这样的问题，就是有那样的毛病，你是，我是，大家都是。正确看待一个人，就要跳出来，从更大、更高的高度去看。

首先，不能以别人的意见为意见。他们像我们一样，有自己的喜好，有自己思考问题的方式，有自己与众不同的人生观、世界观、价值观。在这种思维的支配下，他们对待外人的评判自然是建立在他们个人感情色彩之上的，可能背离了客观事实，或者是片面地给出了不全面的介绍。

其次，我们自己也是一样。每个人都有自己喜欢的事物，有自己喜欢的性格。人们总是喜欢和自己气场相合的人来往，而不太愿意和自己性格不投的人交流。所谓物以类聚，人以群分，大多数情况下，人们都倾向于接受自己喜欢的，排斥自己不喜欢的。

事实上，自己不喜欢的性格，不喜欢的做事风格，不喜欢的说法方式，真的不好吗？真的是很大的问题？真的像自己所想的那样，不应该存在于这个社会上？事实上，人们太喜欢拿自己的标准去衡量别人，拿自己的尺子去度量别人。在看待他人的问题上，你首先就戴上了一副有色眼镜。

不喜欢抽烟，就认为抽烟的人没有素养；不喜欢喝酒，就认为喝酒是天底下最大的坏习惯；不喜欢言辞过多，就认为口若悬河的人胸无城府……在这样的标准之下，我们看到的人，是不真实的、不客观的、片面的，并不能反映一个人的综合情况。喜欢抽烟和是否有素养没有任何直接的关系；爱喝酒，这只是一种个人爱好，虽然你不喜欢，但这种爱好本身并不是错；喜欢说话更不是没有城府的表现，当今时代，交流、沟通格外重要。

每个人都有自己的特性，每个人都有自己的特点，不同的秉性，不同的生长环境，不同的教育经历，不同的知识构成……就是这些不同，才构成了这个世界的多姿多彩。看人，不能用有色眼镜，而要学会理智分析，客观看待，抛开已有成见，扔掉那些固有的思维模式，以接纳的态度、以开阔的心胸去接受不同的人。只有这样，你才能发现他们身上的闪光点，才会知道，原来每个人都有各自的精彩人生。

碰什么，别碰别人的尊严

尊严是人类与生俱来的天性，它在人的心灵中成长，伴随我们的一生。这是一种精神，一份豪情，它是任何人的底线，是任何人都不能触碰的底线。

你可以就事论事地批评任何一个人的能力，但不能指着脸骂别人低能，这就是伤害别人尊严的举动；你可以同情一个人的遭遇，但不能摆出一副高高在上的样子对他施舍。尊严是人类共有的精神食粮，是人类有别于动物的标志，是人之所以为人的旗帜。碰什么，都不要试图去碰别人的尊严。

中国有“嗟来之食”的故事。

> 古代某地闹饥荒，受灾的民众很多。有一个贵族想给这些人一些施舍，于是就在大路旁摆上食物，有吃不上饭的难民，他就拿这些食物给他们吃。一个衣衫褴褛、饥肠辘辘的饥民来到贵族面前，贵族看着饥民，傲慢地说道：“喂，来吃吧！”饥民看了看贵族，又看了看他的食物，摇摇头说：“我就是因为不吃这种嗟来之食，才会饿成现在这个样子！”

帮助受难的人本是一件好事，但这个贵族的举动非但没有得到后人的颂扬，反而遭到所有人的唾弃，因为他触碰到了别人的底线。他仗着自己有食物，肆意践踏别人的尊严，将施舍当成获得乐趣的方式，满足自己高高在上的心理。这种行为终于碰到了那位非常有骨气的难民的抵制。

尊严是无价的。面对再大的难题，遇到再艰难的困境，尊严让人们勇于对破坏它的人说“不”。这是人们埋藏在内心最深处的勇气，是一种本能的自信和豪情。这是做人最基本的底线。一旦这个底线被人跨越，对方将会奋起维护，哪怕付出很大代价，也在所不惜。

在人际交往过程中，可以开朋友的玩笑，可以适当地进行调侃，如果感情到了很深的程度，甚至可以直截了当地进行批评，这些都没有问题，反而能更好地起到维护友谊、稳定人脉的作用。但如果因为别人的失误、别人的困境、一时的失落而做出攻击别人尊严的举动，彼此之间的关系会如玻璃般砰然碎裂。在朋友圈子里，失意人面前莫谈得意事，就是维护对方尊严的举动。

朋友之间的经济条件不可能完全一致，有人好一些，有人暂时还不是很好，这个时候尤其需要照顾对方的感受，给对方留尊严。这是一堂严肃的社交课。当你开着汽车驶过，朋友骑自行车时，最好的做法就是迅速开走，而不是停下来和他交谈。那样会让你的朋友难堪，进而产生种种猜想，不利于后续交往。

美国也有一则关于逃亡难民的故事。

一个小镇上迎来了一批逃难的灾民，镇长组织大家尽全力给这些灾民送粥。饥肠辘辘的灾民个个都狼吞虎咽，因为很多人几天都没有吃到东西了。几天以后，来了一个与众不同的小伙子。

当镇长将粥送到他面前的时候，小伙子也是感激万分，但他并没有在第一时间将粥喝掉，而是问镇长自己吃掉他的食物，是不是有什么活可以让他干。镇长觉得自己尽力帮助这些需要帮助的人是分内的事，只要是个善良的人都会去做的，于是摇摇头，告诉小伙子，自己没有什么事情让他做的。小伙子很为难，甚至都有些哽咽了，他说自己虽然很饿，几天没有吃东西了，但他却不能白吃对方的东西，这样他的良心会不安的。

镇长想了想，然后对小伙子说自己是有些事情要他去做，吃完了就给他派活。小伙子再一次坚决地摇了摇头，他说自己一定要先干活，然后才能喝下这碗粥。镇长想了半天也没有想出自己有什么事情是需要这个陌生的小伙子去做的，于是就告诉他说，我现在需要有个人给我捶捶背，如果你愿意的话。

小伙子开心地答应了镇长，认认真真给镇长捶背，之后才喝掉他送来的粥。小伙子的举动让镇长刮目相看，他挽留了小伙子，让他在自己的庄园里干活,之后还将自己的女儿嫁给了他。20 多年后，这个小伙子成了美国著名的富人之一，他就是被誉为“石油大王”的哈默。

同样是帮助别人，“嗟来之食”中那个贵族的举动引起了所有人的反感，虽然有人接受了他的施舍，但这种行为并不能为他赢得任何人的尊敬，没有人会因为他的施舍而愿意成为他的朋友。但老镇长的举动却让人尊敬，他很好地照顾到了一个年轻人的尊严，不但挽救了他的生命，还给了他重生的机会，让他走上了一条让更多人仰望的路。

有一个语文老师看见班里一个小女孩衣衫很单薄，时值冬天经常被冻得瑟瑟发抖。老师没有直接给小女孩任何帮助，而是当堂宣布要进行作文考试。考试的结果是小女孩取得了第一名，奖励是一身温暖而厚重的冬衣。老师的举动既帮助了小女孩，又维护了她的尊严。女孩长大后开办了一个手艺厂，专门招收那些需要帮助的残疾人，亲自教他们技术，让这些人能够自食其力。

这是一份多好的精神传承。

亚里士多德说：“一个人的尊严并非在获得荣誉时，而在于本身真正值得这荣誉。”我国著名作家王小波说：“尊严就是你走在任何地方，都被当作一个人物而不是一个东西来看待。”尊严是每个人最宝贵、最被珍惜的东西，是内心深处最不能让人刺伤的东西。

尊严是人们生活旅程中最美好的风景，它是公平的，每个人都会获得这样一道风景，如果有人敢去破坏这道风景，等待他的将是疾风暴雨般的打击和报复。社交场合中，伤害他人尊严，失去的不仅仅是一个人，而是一群人。

忍得一时，赢得长远

退一步海阔天空，忍一时风平浪静！富不能忍易贫，贵不能忍易倾。人们经常说忍字头上一把刀，这是智慧的结晶，是生活磨砺后的睿智。忍耐并不是妥协，也不是无能，它是处世的智慧，是人们通向成功道路上必须过的一道坎。

与人交往，最忌讳的便是随心所欲。人是不同的，每个人的脾气、秉性都不相同，背景不相同，知识结构、成长经历大相径庭，这都是常有的事。与生俱来的不同也好，后天培养的差异也罢，不同的人有不同的处世方式，不同的价值观、人生观、世界观，这是客观存在的事实。与人交往，就像恋爱结婚一样，接受这个人，就等于接受了这个人的一切，他的优点和缺点，可能还有他那些不怎么光彩的过往。

有人愿意和豪爽之人相处，认为和他们在一起无拘无束，自由自在，但生活是一出现实的大戏，人们只是演员，而不是编剧。多数情况下，人只能被动接受，而不能主动选择。碰到自己不喜欢的人、不能忍受的行事风格、不能接受的做事方法、不能认同的生活理念等，这都是经常会发生在你身边的事。无论是工作上，还是生活中，与自己的性格、风格、价值观相抵触的事情总会在不经意间就发生，这个时候你能做的只有忍耐，否则等待你的就是出局。

经常能听到很多人在抱怨自己的朋友喜欢炫耀，总是会不经意地提起自己的车子有多贵，房子有多大，儿子有多聪明。有的人则抱怨领导有多无能，简直就是脑残；同事则是名副其实的“猪一样的队友”，总是拖自己的后腿，关键时刻掉链子；客户经常鸡蛋里挑骨头，喜欢找各种各样的毛病刁难自己；在单位哪怕一天都忍不下去了，这工作不知道干着还有什么意思；等等。

他们不厌其烦地诉说着自己的苦闷。有的人觉得自己实在忍无可忍了，他们开始和自己的朋友争吵，和自己的亲人争吵，和自己的爱人争吵。但争吵的过程中，他们惊愕地发现，原来对方也一直在忍着自己，只是没有发作罢了。工作当中有的人拍拍屁股走了，但换到另外一家公司之后才发现，原来哪儿都一样，“天下乌鸦一般黑”。

当你觉得生活中很多事情已经不能再忍下去的时候，你需要做的不是立即找到那个人去理论，也不是立即做出过激的举动，这时你需要做的只有一件事：深呼吸，然后告诉自己，再忍一忍。

忍耐是一种能力！

无论从事哪一个行业，每个人都会经历一个黑暗期，这期间你会严重怀疑自己的能力，怀疑自己是不是真的能从事这个行业，真的能做好这个看上去并不是很难的工作。其实，这个时期虽然黑暗，却是离成功最近的时候。为人处世也是一样。夫妻之间，朋友之间，同事之间，以及和客户之间，每一种关系的维护都需要经历一段时间。这段时间的作用是磨合。和不同性格的人磨合，接受他们的一切，从自己的内心去接纳他们，接纳他们身上你不能忍受的特点、缺点，比如“小气”“自私自利”“算计”“唯利是图”“钩心斗角”“没有礼貌”……如果要和他们有更加深入的交往，想让他们成为你人脉圈子中的一员，就必须告诉自己，要忍耐，要让自己的心静下来，从不同的角度看待每一个人，从他们的身上找到亮点，而不是一直盯着对方的缺点不放，一步步地往纠纷的路上走。

忍，其实就是包容，是智慧，是给自己更多的反思时间。冲动的结果只能是让事情更加糟糕。一时意气用事，事后后悔不迭的情况屡见不鲜。

如果你想出人头地，就必须忍受一些你可能看不上的人，看不惯的做事方法，看不惯的脾气秉性，看不惯的奸诈伎俩。有能力的人一定要出人头地，不然那些没有能力却暂居高位的人就会在你面前指手画脚，说三道四。这才是最不能让人容忍的事情。此时的忍耐不是没有原则的妥协，不是害怕，而是积蓄力量，发展自己，壮大自己。当你无法改变游戏规则的时候，就要尝试着去适应它，等到你有了绝对实力的时候，才能进行大刀阔斧的改革，这个时候，你才可以按照自己的意愿去做事，按照自己的风格去做事，而不用担心再有人当着你的面指手画脚。

忍耐一时，是为了更长远的打算！

每一个取得了非凡成就的人，都是在忍耐了很久之后才取得让人瞩目的成就。成功需要时间，需要等待；雄心的实现需要忍耐。

韩信受过胯下之辱，越王勾践曾卧薪尝胆。他们最终都取得了非凡成就。以韩信为例，如果他不忍受一时的耻辱，遇到挑衅的人，怒发冲冠，不顾一切，历史上还会留下“韩信将兵多多益善”的美谈吗？越王勾践如果没有长时间卧薪尝胆，能一举打败夫差，洗刷亡国之耻吗？

有这样一类人，他们本事不大，脾气不小，该有的没有，不该有的全有了。没有任何经验，没有任何阅历，却不想忍受任何人哪怕是一句否定的话。他们最见不得的就是别人谈论自己的不足，一旦听见便是深仇大恨，不死不休。事实上，别人的言论出发点可能是为他好。他们心胸狭隘，容不下不同意见，他们感性大于理性，不能客观理智地对待别人的评价。在处处碰壁、工作不顺、事业不明、人缘不好的迷茫期，他们还不知反省，唯一能想到的就是，这个世界太不公平了。

忍耐，是一种本领，是一种修养，是一种品质。懂得忍耐的人才知道：忍，不是目光短浅的怯懦，而是高瞻远瞩的勇敢。忍得了一时，才能赢得了一世。

做一个排难解纷的中间人

朋友中出现不和，同事间出现问题，纠纷不断，难题频发，这是考验一个人是不是具有处世能力的最好战场。

为朋友排忧解难，可以让彼此的关系更稳固，让原本无法深入交往的人成为挚友，让更多的人成为你的朋友，让更多的人走近你，让你无形中成为大家最依赖的人，树立更加积极、正面的形象。

排难解纷，这是乐于助人、能够助人的表现。这不但表明了自己诚恳交往的心，也体现了自己善于处理不同问题的能力。当朋友遇到问题的时候，当他们需要有人给出意见、建议的时候，他们会在第一时间想到你，你也能在最短的时间内给出解决问题的办法，这样的关系是牢不可破的，这样的人脉圈子才是你值得精心维护的。

排难解纷的故事在中国历史上早有记载。

《战国策》中记载，秦国陈兵赵国都城邯郸之下，意欲谋取赵国。赵王无奈，国力微弱，无法和拥有虎狼之师的秦国相抗衡，只能求救魏国，希望魏国能出面，解决自己目前的困境。

此时的魏国也无力和秦国抗衡，商议后，魏王派大将新垣衍来到赵国。新垣衍没有给出任何实质性的解决方案。他的建议是让赵王向秦王低头，尊秦王为帝。他希望用这种方法换取秦国退兵。

赵国大臣乱作一团，对新垣衍提出的建议看法不一，一时间该怎么做，赵王委决难下。此时恰逢齐国人鲁仲连在邯郸访问。听说了这个消息后大感不妥，于是就来到了平原君的府上，希望能见见魏国来的那名大将新垣衍。平原君安排了这次会面。

见到新垣衍之后，鲁仲连动之以情，晓之以理，列举了大量秦国吞并别国的野心行径，仔细分析了当下形势，将尊秦王为帝的荒谬说法驳斥得体无完肤。眼下的情况是赵国一旦示弱于人，往后的处境将更加不妙，魏国也会一起遭殃。新垣衍听完鲁仲连的陈述后觉得非常有道理，于是撤回了自己之前的说辞，很快返回魏国，将鲁仲连的说法报知魏王。

秦国人听到这个消息大吃一惊，不得不退兵五十里静观其变。之后魏国公子无忌盗取兵符，打败秦国，救了赵国一次，挽救了此次赵国亡国的危险。事后赵国平原君对鲁仲连感激涕零，钦佩非常，非要给鲁仲连封赏，赐予良田。鲁仲连都拒绝了。他说："所贵于天下士者，为人排患释难解纷而无取也！"

鲁仲连似的人物，更容易得到大家的敬仰，成为大家的朋友。所谓朋友，就是当别人需要你伸出援手的时候，你能在第一时间献出爱心。寒冷的时候送上一份温暖，炙热的时候给出一份清凉。当朋友左右为难、不知所措时，为他理清头绪，找到方向；当朋友骑虎难下、处境尴尬时，为他找好台阶，保全面子。

人性决定了每个人都是不同的，人多了，是非自然也多。朋友间出现一些不愉快，闹些矛盾，生活中很常见。朋友闹翻脸，最终变成陌路的事例也时有发生。当朋友间出现问题的时候，双方都不愿意在第一时间低头认错，这个时候就需要一个调停的中间人，给他们牵线搭桥，用一种智慧的方式让彼此冷静下来，握手言和，重归于好。

为朋友排难解纷，要做到客观公正。偏向任何一方的行为都容易适得其反，闹个不欢而散。朋友之间的关系是公平、对等的，对待圈子里的朋友，要做到一碗水端平，不偏不倚。偏袒一方的行为很容易遭到另一方的抵制，甚至是激烈反对。同时，这种偏向行为也容易遭到其他人的非议和反对，非但不能达到为朋友排难解纷的目的，反而将自己孤立起来，最终被排斥在朋友圈子之外。因此，当出现纷争的时候，最先要拿捏好的标准就是客观公正，用最公平合理的方式对待双方。

为朋友排难解纷还要做到置身事外，一心为人。这就是鲁仲连所说的“所贵于天下士者，为人排患释难解纷而无取也！”给朋友帮忙，既是出于道义上的责任，也是礼尚往来的要求。这是作为朋友应尽的义务，也是维持彼此关系的最佳方式，不能将这种付出当作获取个人利益的筹码。时时刻刻都在算计个人得失的行为，非但不能得到大家的尊敬，还容易名声扫地，自绝于人。

无论是雪中送炭的义举，还是锦上添花的帮衬，都不应成为获取私人利益的手段。世上没有不透风的墙，再精心的计划，都有东窗事发的一天。全心全意为别人谋福利，才能真真正正得到别人关键时刻的帮助。所谓我为人人，人人为我。

没有永远不红脸的朋友关系，就算是夫妻也有吵架的时候。朋友圈子里出现争执，有些误会，闹点别扭，再正常不过。这个时候双方最需要的不是弄清楚事情的责任在哪一方，而是能在最短的时间内平心静气，敞开心扉。而能让他们做到这一点的，就是经常和他们在一起的朋友。

一句劝说的话，一顿和好的酒宴，一次开诚布公的谈话，都可以让僵硬的关系变得缓和，让漫天的乌云散去。维护和谐的朋友关系，需要大家共同努力，需要朋友们做好“中间人”，该出头的时候就要出这个头。

该当红花时当红花，该当绿叶时当绿叶

人际交往最忌讳的一点是，用同样的方式跟不同的人打交道。对人说人话，对鬼说鬼话，目的在于进行无障碍交流，而不是普通意义上的将人分为三六九等。与不同的人交往，就是要适应并接受不同的环境、不同的要求、不同的标准。

需要当红花的时候，就要有勇往直前的勇气；需要当绿叶去陪衬的时候，就要有俯首甘为孺子牛的胸襟。

一次和一个朋友聊天，他意味深长地对我讲起了他当年的一件事。大学毕业不久，他在单位表现很不错，时间不长就被升为老总的助理，有一份很不错的收入。老总的年龄已经很大了，酷爱古诗词，对他也很不错。一切看上去都很好。

一次他跟那位老总一起陪很多人喝酒。当天老总很高兴，酒过三巡，菜过五味，老总一时兴起吟起了古诗。吟完诗，老总面有红晕地说道：“孟浩然这首诗写得真好，诗里有画，画里有诗。”

我的这位朋友当时不知道犯了什么神经，突然来了一句：“老总喝得有点多了，一时记错了，这首诗是王维的。”

正当大家都在恭维老总有学识的时候，我这位朋友一句话，所有人都不说话了。你看看我，我看看你，现场的气氛非常尴尬。老总的脸憋得通红。其实我那位朋友是好意，他认为在座的人中可能有人知道那首诗的出处，所以就随口说出来了，为的是给老总打圆场。他忘了一点，即便有错，也不应该由他的嘴讲出来。

事后老总开始对他不冷不热，一反之前的热情。我朋友自然知道个中缘由，找个理由便辞职了，再待下去已经没有任何意思了。

“为人处世真是一门大学问，该你当红花的时候你就要做好一朵红花，该你当绿叶去陪衬的时候，你就要心平气和地去思考怎么才能当好一片绿叶，而不是存当红花、出风头的心思。”我的朋友这样总结他那次的教训。

人生需要定位。站到你该站的位置上去，那里才是你的天地，定位准确，事半功倍，一旦失误，事倍功半不说，还有可能一着不慎满盘皆输。为人处世，要想明白一些问题，才能在这个竞争激烈、日新月异的社会里更好地生存。这些问题包括：我要成为什么样的人？我怎么才能成为那样的人？我能够成为什么样的人？当下自己是什么样的处境？

要成为什么样的人，怎么样才能成为那样的人，是未来的事情，是计划中的事情。而当下的自己才是现实中的你，才是我们最需要考虑的问题。想成为的那种人，存在于理想之中，还不是现实中的你。现实中，需要做的是按照此时此刻的自己，做好自己的本分。

每个人都有做红花的愿望，现实不可能每次都满足你这个愿望，做绿叶的可能性比红花更多，但绿叶何尝不是一次机会呢？

定位，就是给自己找位子。坐到你该坐的位子上去，你才有地方可坐，不然你连位子都不会有。抢别人风头，占别人位置，最终害的是自己。

当你是刀鞘的时候，你的职责就是保护刀锋，刀鞘要有安于钝的觉悟，否则连一把刀鞘都做不了。人际交往便是如此，某些场合，对方是刀，你便是刀鞘，彼时彼刻你的职责便是维护刀的锋利，而不是展现刀鞘的厚重。摆正自己的心态，甘于当一个尽职尽责的刀鞘，甘于做一片陪衬的绿叶，甘于担当起绿叶应有的责任和义务。

该争取的时候尽力争取，该放弃的时候果断放弃，这是一种人生智慧。如果把红花看成人际交往的主场，那绿叶便是必要的客场。主场固然有它的优势，客场也是在所难免。没有人能永远在自家门口打比赛，没有任何人的人生舞台永远建在自己的家里。这是一场智慧的较量，更是一场是否懂得舍得的较量。

该争取的时候不去争取，便输掉了本属于自己的成果；该放弃的时候不懂得放弃，便是赶鸭子上架，拿棒槌当针使，到头来落得个贻笑大方。

如何处理好与不同人之间的关系，这是人们一生中都需要思考的课题。和不同的人打交道需要用不同的方式。尤其是在瞬息万变的当下社会，更需要深入学习如何与人交往的技巧。一个良好的人际关系是通往成功的重要桥梁，它能帮助我们在最短的时间内获得最大的收益，减少不必要的资源浪费。

处在不同的场合，面对不同的人，我们的姿态需要做出相应调整。一成不变的处世模式，给自己留下的只能是无尽的麻烦和逐渐被孤立的人生状态。小品《主角与配角》中，朱时茂和陈佩斯完美演绎了人生中“红花”与“绿叶”的关系。在特定的场合，有的人是理所当然的红花，有的人是情理之中的绿叶。不甘心演好自己的角色，最终只能无角色可演。

红花固然艳丽，绿叶也有它的生机；红花固然让人瞩目，绿叶同样能得到别人的赞扬。在朋友圈子里，给别人当绿叶，这是维护对方面子的表现，是自觉自悟的体现，是维持良好人际关系的素质和要求。只有你给别人当过绿叶，才会有别人甘愿为你当绿叶，衬托你这朵红花的可能。

服从但不盲从

服从是按照别人的意思做事，是遵照，听从；盲从是不分是非黑白，无论真假对错，盲目附和，简称随大流。服从是积极主动的表现，有自我存在；盲从是失去自我，完全跟随大家的脚步走，彻底丢失了自己。

生物界有一种虫子很奇怪，名叫列队毛毛虫。这种虫子的奇怪之处在于，它们行进的时候喜欢用列队的方式。著名生物学家法布尔做过一个有关列队毛毛虫的实验：他将这些毛毛虫放到一个花盆的边沿上。很多列队毛毛虫都被他放在了上面。法布尔想了个办法，让首领也就是负责带队的那只毛毛虫沿着花盆的边不停地爬动。

这样一来，跟在“领队”后面的那些毛毛虫都开始爬动起来，围着花盆形成一个圈，首尾相连。这样一来，每个列队毛毛虫都变成了首领，也就是领头的那一只。由此开始，这些毛毛虫再也没有停止下来，它们无休止地在花盆边沿爬动，一连爬了好几天，直到饿晕了摔下来为止。

看似愚蠢的行为，其实在人类身上也经常发生。人们总喜欢盲目地随大流，而不是倾向于自己思考问题。人们总喜欢那些别人已经给出答案的东西，而不是试图自己得出一个完全不同的答案。

比如，当大家对某件事的态度有一致看法的时候，就很少有人质疑；当大家对某个人的性格、品质做出定论的时候，也很少有人对此表示不同看法。曾经闹得沸沸扬扬的华南虎事件很好地说明了这一点。

2007 年 10 月 12 日，网上传出一组有关华南虎的照片，顿时此事几乎成为所有媒体关注的焦点，华南虎的出现似乎牵动了举国上下所有人的心。周正龙，也就是那些照片的拍摄者，几乎一夜之间成了家喻户晓的明星人物。因为这些照片的意义实在太过重大，华南虎差不多已经绝迹近 20 年了，再次被发现，这件事情自然受到了不同凡响的关注和跟踪报道。

然而，当照片出现不久，正当大家都在为华南虎的出现欢欣鼓舞的时候，冷静人士开始对那些照片有了质疑。最终经过认定，周正龙的那些照片系 PS，并不是他真正拍摄到了华南虎。一出闹剧就此收场。

著名哲学家苏格拉底有一次在上课的时候拿出了一个苹果，他站在讲台上问下面的学生："你们闻到了什么味道？"一个学生很快回答道："我闻到了空气中苹果的味道。"

苏格拉底走下讲台，来到学生中间，再次举起自己手中的苹果，问学生闻到了什么气味没有。此时将近一半的学生举手说自己闻到了苹果的香味。苏格拉底点点头，走上讲台，再一次举起苹果，问学生是不是闻到了味道，此时几乎全部的学生都举手了，说自己闻到了苹果味。但有一个学生却没有说话。苏格拉底很奇怪，就问他："你呢，你闻到了什么？"

那个学生说："我什么也没闻到。"苏格拉底看着他加重语气问道：“难道你真的什么都没有闻到吗？”那个学生摇摇头说：“是的，我真的什么都没有闻到。”

苏格拉底点点头接着说道：“他是对的，这是一个假苹果。”那个学生便是后来蜚声国际的大哲学家柏拉图。

所谓盲从，就是盲目服从，丢失了自己，在没有自己的意识、没有思考、没有个性的情况下完全按照别人的意志思考、行事。在很多场合我们都可以见到盲从的例子。高中生扎堆报考热门专业，大学生扎堆报考热门证书，生意人扎堆做热销产品，电视节目同质化严重，股民盲目听从所谓专家的意见最终血本无归……

表现在人际关系上，就是从众。从众心理是人人都会有的一种心理现象。不知不觉中就受到了来自外界，来自身边朋友、熟人的影响，少数服从多数。不管是心理上、行为上、判断上都严重受到公众舆论的影响，并且依此作为判定是非黑白的标准。

如果单单从心理学上来说，从众并不是负面的，但如果盲目从众，就会有很多负面的影响。盲目从众的行为是完全没有独立思维的表现，完全丢失了自己，思维完全受别人左右，考虑问题从舆论出发，而不是从客观事实本身出发。

服从别人的安排，服从别人的管理，服从别人的意见，这些都有自己深思熟虑的影子，还有自己的思维和意志在里面，自己是一个完全独立自主的人。而盲目服从不是，这种思维方式对别人的意见、建议采取全盘接受的态度，完全不经过自己大脑的思考，也不再理会事情本身的曲直，一味地迎合他人的口味，以让别人满意为目的，而不是考虑如何将事情做好。

所谓众议，就是大家的意愿。现实生活中，当人们发现自己的观点和众议不合时，多数情况下都会选择做一个“沉默的大多数”，也就是传播学上的“沉默螺旋”。但自己的人生，应该也必须由自己来当家做主，我们要过自己的生活，而不是别人的生活，不是朋友的、同事的、领导的，也不是父母的。每个人都有选择自己生活方式的权利，也都有选择表达自己看法的权利。同时，也就是因为这种不同，这种创新，这种“特立独行”，才能体现一个人存在的价值，才能表现自己与众不同的一面。

每个人都有自己的人生观、价值观、世界观，但这并不能否定在很多问题上，多数人能达成一致。比如在生活中，人们都倾向于过上舒服、愉悦、物质充盈的日子；工作上都倾向于选择责任小、压力小、收入高的岗位；择偶上也会有很多的相似之处。但这些，并不应该成为任何人的标准，当大家的意见达成一致的时候，我们仍然需要思考，需要针对自己的实际情况做出适合自己的判断。

你是听取大多数人的意见，还是有你自己的想法呢？

管好你的舌头，就是管好你的人脉

管好你的嘴，控制好你的舌头，不该说的话别说，不该讲的事别讲，不该插嘴的时候别插嘴，不要因为图一时“嘴瘾”而惹来不该有的麻烦，暴露不该暴露的底牌。话太多，掌握不好该有的度，徒生是非不说，还容易让自己处于尴尬境地，难以收场，人际关系非但没有建立，反倒第一时间在人前出丑。

朋友间的友谊要想保持长青，说话的艺术尤其重要。很多友谊的决裂都是从一句看似不经意的玩笑开始的。不少朋友在开口之前丝毫不经过大脑，张嘴即来，想到哪里说到哪里，想怎么说就怎么说，不考虑场合，不考虑对象，仅凭自己一时的情绪激动，把很多不该说，也不能说的话都说出来了。所谓说出去的话就是泼出去的水，想收再也收不回来了。说者无意，听者有心，误会往往就是这样产生的。

说话要言之有度。无论做什么事情都一样，都要掌握分寸、火候，过犹不及。把自己的舌头管好，一句无心的玩笑造成的损失可能是巨大的。对客户开了不该开的玩笑，你损失的可能是单子；对恋人开了不该开的玩笑，你损失的可能是一段感情；对朋友开了不该开的玩笑，你损失的可能是友谊；对同事开了不该开的玩笑，你损失的可能是群众基础；对领导开了不该开的玩笑，你损失的可能就是一份工作了。

在倡导提高个人口才、提升谈话技巧的今天，提到言之有度是因为说要有技巧地说，两者之间并不冲突，它们是并行不悖的两条平行线。口才的提高，谈话技巧的提升，其中重要的一项就是掌握好说话的度。哗众取宠的行为是可笑的，夸夸其谈的作风是肤浅的，口若悬河的谈话是令人讨厌的。

言之有度，要注意以下几点。

第一，说话多少的问题。无休止地谈话，无休止地聊天，浪费的不仅仅是自己的时间，也是在浪费对方的生命。在工作、生活节奏越来越快的今天，谈话最重要的一点就是将最核心的内容用最简明扼要的语言表述出来，让对方在最短的时间内明白你的意思。没有人愿意听一个不相干的人在自己的办公室里喋喋不休，长篇大论；也没有人愿意在酒桌上、聚会中倾听你滔滔不绝地发言。简明扼要的语言可以让对方在很短的时间内对你产生良好的第一印象，从而为以后的交往打下基础。

第二，要注意说与不说之间的分寸。中国人讲究含蓄，有些事情不能讲得太明显，要在说与不说之间有一个分寸：意思表达清楚无误，对方能准确地从你的语气、言辞中理解你发出的信息；而字面上，你的语言看上去却简单异常，没有任何深意。所谓“言有尽而意无穷”，就是这个道理。有些人，尤其是新人在谈话的时候不注重方式方法，恨不得用小学生都能听懂的语言将自己的意思表达出来，最后却让对方下不来台，尴尬无比。

第三，不要抬杠。抬杠大概是中国人的一种爱好，也算是我们国家的一个传统，是我们茶余饭后喜欢干的一件事。关于抬杠，偶尔抬一抬有助于身心健康，活跃大脑思维，一旦过分，对友谊的伤害是很难弥补的。

如果留意抬杠的两个人，你会发现：当他们面红耳赤地就某个问题进行争辩的时候，思维基本上是不受控制的，多数情况下毫无逻辑可言。他们并不是想把问题弄清楚，而是希望在气势上压倒对方。抬杠，无论是生活中还是工作中，都是最常见的一种交流方式，同时也是最伤害彼此感情的一种方式。双方都想赢得这场论战的胜利，但结果往往是两败俱伤。有人说，最好的争论便是放弃争论。这句话从争论的角度看不一定对，但从维护人际关系、保持稳定友谊的角度来讲，是非常有道理的。一定要想办法管好自己的舌头，一发现有抬杠苗头要及时掐灭。否则，最终你可能赢得了争辩，却失去了朋友。

第四，不要总是找机会损人。有些朋友喜欢随时随地找机会损人，损人仿佛成了他们生活中最大的乐趣，他们甚至以此为荣。损人，其实和挖苦差不多，都是带有一定负面色彩的批判。有时候对自己的亲朋好友挖苦两句，损上两句，备感亲切，更能增加彼此之间的感情。但如果过头，极有可能演变成一场直接的对抗和冲突。善意的“挖苦”可以当作是调侃，过多的挖苦则会被当成别有用心的恶意攻击。这是对别人尊严的践踏，是对人极度不尊重的一种表现。损人大概有两种形式，一种是有目的的，为了挖苦而挖苦，换言之，就是来找茬的；另外一种是无心的，也就是过“嘴瘾”。有人喜欢不分场合、不分对象地损人，并把这当作生活的乐趣。如果是前一种，友谊直接破裂；如果是后一种，稍微过度，一不留神，友谊也会破裂。

很多夫妻因为吵架而离婚，很多朋友因为言语过失而交恶，很多同事因为不当的玩笑而视对方为陌路……不当的言辞，一时的嘴瘾，很可能将自己辛辛苦苦建立的人脉圈子击散，将自己多年来组建的人际网络撕碎。与人交往，请管好自己的舌头，言之有度。

要想钓到鱼，就要像鱼那样思考

当你在沟通遇到障碍的时候，最好的办法就是尝试着站在对方的角度重新思考问题，而不是一味钻到问题里面去。这就像钓鱼，如果你要钓到鱼，就必须学着让自己“做一只鱼”，像鱼一样思考。

经常能听到很多人抱怨：

“他怎么就不能理解我呢？”

“为什么他是这样想的呢？”

“他那个人为什么那么自私，总是想着自己呢？”

“领导为什么总是提一些我们不能完成的任务呢？”

……

人与人之间的矛盾、不和谐、冲突等，很多都是因为只站在自己的角度去思考，而不能换个角度，将自己当作对方，从对方的角度重新审视。人如果不能站在一个更高的高度俯瞰全局，只会把自己困在思维的死胡同里，难以走出。而且，很多人都是这样，当问题解决不了的时候，总是在埋怨别人，仿佛所有问题的责任都应该由别人来承担。

有一头猪、一头牛和一只羊被关进一个牲畜栏里。一天，有人来了，要把猪带走，此时的猪强烈反抗，吼叫声几里外都能听得见。站在一边的羊和牛听见猪这么没完没了地叫，心里很烦，于是羊对猪说：你看我和牛，不也是经常被人带出去，你哪一次听见我和牛像你这么大声地号叫了？真没出息！猪一听不干了，转过头对羊说：抓你出去是为了得到你身上的羊毛，抓牛出去，是为了得到牛奶，但是抓我出去，那是要我的命啊，能一样吗？

羊和牛不能明白猪的号叫，因为它们和猪所处的立场不一样。如果它俩都是猪，看见同伴那么号叫，还会不耐烦吗？人与人之间的很多误会就像羊对猪的误会，问题并不是它们对某种行为本身很反对，而是没能设身处地为对方着想，没能站在对方的立场考虑。因此，对同一件事的理解就产生了很大偏差，以至于发生了摩擦，甚至"擦枪走火"，闹出事端。

什么是换位思考？就是真正设身处地为别人着想，理解别人的处境，想人之所想。领导为什么给你指派那些看似永远都不能完成的工作？你想不通。如果你是领导，你会怎么做？难道你想让自己的员工整天无所事事，毫无长进，浑浑噩噩过日子？这样的员工能在单位待多长时间？

领导给你安排烦琐而艰难的任务，那是他作为领导必须做的事情。他既要做到人尽其才，又要保证自己的下属能在最短的时间内锻炼成才，早日独当一面。同时也要保证，不能因为你个人的落后而拖累了整个部门。

这就是换位思考，站在对方的角度去思考问题，而不再以自我为中心。

人们总是倾向于给自己所有不合理的行为找到理由，让其合理化。比如，有一个非常荒谬的说法："我这么做是浪漫，你这么做就是耍流氓！"同样一件事，不同的人得出的结论可能完全不同。凭什么别人的观点是错的，你的就是对的？同样一件事，自己做出来和别人做出来，人们对它的看法也是不一样的。比如早上迟到，你可能真的因为堵车迟到了，因为拉肚子迟到了，因为闹钟没响迟到了，这些在自己这里都是合情合理的，每个人在说出这些理由的时候都会坚定地认为，对方也应该觉得自己的情况是真实的。但如果换成你的同事迟到半小时，理由是拉肚子、堵车等，你会有什么样的想法呢？

想要和别人处好关系，就要协调彼此对事物、对问题的认识，到底双方在哪些问题上能取得一致？在哪些观点上能达成共识？物以类聚，人以群分。差异过于明显的两个人，如何才能让彼此之间的关系更近一层？那就是要暂时将自己和对方的位置对调，将自己当作对方那样去思考。

站在对方的角度看问题，进行换位思考，最关键的一点是要暂时抛开自己固有的思维模式，用对方的思维模式进行思考，这是换位思考的关键所在，也是难点所在。很多人并非不知道换位思考的重要性，也不是不知道站在对方的角度看问题是对的，却不知道该如何入手。入手的方法就是暂时把对方的思维方式植入自己的脑海。

站在对方的角度思考，是人际交往的润滑剂。当你和别人的观点发生冲突的时候，当你和别人的理解发生偏差的时候，不妨试着从对方的角度出发，看看是不是能给自己带来意想不到的惊喜。相信你会收获宽容和理解，你能用这种方式拉近与对方的距离，把彼此的不合消灭在萌芽状态。

第五章

精诚所至，知己的关系铁打的人际

如果你在为自己没有成就，没有好的人脉关系，没有人愿意帮你而烦恼，那就请将上半夜留给你身边的那些人，下半夜再为自己考虑吧。

共同语言的两个概念

我们常说与某某人有共同语言，这基本上包括两点，一是谈话技巧，二是共同话题。

良好的谈话技巧，不但有助于我们更好地与人交流，展开沟通，更能增进彼此间的友谊，快速获得对方好感，从而为自己的事业成功添砖加瓦。

有一个年轻的女孩子，在单位广受欢迎，很讨大家喜欢。一次午休，这个女孩子对她旁边的一个男同事说：“你每天早上都没刷牙吗？为什么总是口气那么重呢？好臭！”一时间，整间屋子都安静了下来。

这个女孩子不以为然，还嘻嘻笑着说：“你别生气啊，我只是开个玩笑。”

事后，非但那名男同事对她的态度冷淡至极，不理不睬，就连其他同事也对这个曾经很讨他们喜欢的女孩子敬而远之，背地里给她送了个外号“毒舌妇”。

良好的说话方式、聊天技巧能增进友情，拉近彼此间的距离，使原本生疏的关系更近一步。但如果不注意方式方法，张口就说，“祸从口出”就离你不远了。和不同的人谈话，需要用不同的方式，因为每个人的喜好、性格、成长经历都不一样。

在单位里，和领导聊天，需要稳重、得体、正式，如果太过随便，给人的感觉是轻浮、难当大任。和同事在一起，就可以随便得多，不用太过正式，否则给人的感觉是难以接近。这是根据不同身份做出的聊天策略的调整。事实上，我们经常要接触很多人，与他们沟通时要特别注意对方的身份。

在客户面前，你是推销者；在父母师长面前，你是晚辈；在领导面前，你是下属；在下属面前，你是领导。同时，客户也并不都是一种类型，师长也会有他们自己的性格，并不是所有领导都喜欢太过拘泥于形式的聊天方式，等等。

这些人中间，有一类人非常难以沟通，那就是自以为是的人。他们坚信自己是正确的，别人都是错误的，不撞南墙不回头，就是撞了南墙也不一定回头。

一个员工曾经跑到我跟前抱怨说，他的某个大客户太难搞定了，简直不可理喻。现代社会的科技日新月异，该客户店里的产品明明早已经不适应时代发展了，他还在那里抱残守缺，固执己见，坚信他的产品才是最好的，他怎么劝说都无效。

我觉得很吃惊，作为商人，他们不可能看不到市场的变化，逐利才是商人的本性，为什么不接受我们更好、更先进的科技产品呢？我们的产品不但先进，而且利润更好，更符合消费者的需求。疑惑之余，我就随那个员工一起去拜访了该客户。结果我发现，这个客户不但顽固，而且不讲理，说什么他都听不进去。

我听他和我的员工聊天，一直没有插嘴。等到他们聊完了，我就说，一起出去吃个饭吧。饭桌上，我大肆夸赞这个顽固的客户，不但对他的商业眼光进行赞扬，而且对他从商多年来的心得大为夸奖了一番，客户高兴得合不拢嘴，连连举杯。

用一句话说，这类人是“顺毛驴”，不能碰了他的“逆鳞”，凡事都要顺着他来，一切问题都好谈，如果逆着来，即便他认为你是对的，这个关系也很难建立。夸完之后，单子很快拿下。

当然，对这类人的夸奖要有技巧，同时也要发自内心地去赞美他们。作为从商多年的老手，他的身上是有很多亮点的，只是被那个员工忽略了，他没有发现对方身上值得学习、赞美的地方，一味想着用自己的道理去打动他、说服他，结果无功而返。

与人谈话不能一刀切，没有一成不变的处世方法，更没有放之四海而皆准的为人标准，“看人下菜”是硬道理。

除了注意说话方式，话题探讨也是能加快彼此交流的有力武器。

想想看，两个原本不是很熟的人坐在一起，聊什么才能不冷场？聊对方感兴趣的话题。有的人喜欢足球，有的人喜欢篮球；有的人喜欢关注天下大事，有的人喜欢家长里短的电视剧；有的人对电影明星趋之若鹜，有的人则对此嗤之以鼻。找到对方感兴趣的点，就这个点展开谈话，你会发现，原本陌生的关系在不知不觉间消失，双方好似多年的老朋友一样，无话不谈。

如何找到这个话题呢？

在完全陌生的情况下，比如拜访一个你从未见过的客户，如何找到对方感兴趣的话题，让很多人头疼不已。其实，这并没有我们想象得那么难。一个人的成长经历就是最好的话题，没有人不对自己的成长经历感兴趣。无论对方处在什么样的年龄段，是什么身份，一旦聊到他成长中的一些经历，多数情况下对方都能滔滔不绝地聊个没完没了。比如事业上曾经碰到过什么样的难处，出现过什么样的危机，如何一个个克服那些问题，一步步走到今天，等等，他肯定有说不完的话。

流行文化有一个好处，就像一股风，不排斥任何一个人，无论你是谁，生活在什么层次，因为人就生活在风里，想躲都躲不开，所以这肯定是对方知道的一个话题。就每个人的不同情况，可以找出一些大家都喜闻乐见的流行元素进行探讨。在轻松愉悦的氛围下，彼此的关系得以进一步拉近。这样的谈话才是融洽的，和谐的。

再有就是社会上的焦点时事。这是所有人都避不开的社会性话题。比如，房地产行业又出台了什么样的政策法规，煤窑矿工的问题，某个明星闹绯闻的问题等。这些事件一般能引起广泛关注，吸引众多眼球，聊起来不至于让对方感到生疏，一问三不知。

还有诸如身体健康的问题，可能有共同的话题；此外，未来的事业规划等，这些都是大众关心的问题，在完全不了解对方的情况下，谈到这些内容一来不至于冷场，没话可讲，二来可以调动对方积极参与的热情，引起对方谈论的兴趣，从而更准确地找到对方比较个性化的话题来，不至于“话不投机半句多”，彼此都尴尬。

说话是一种互动，是一方发出信息，另一方接受信息，并进行反馈的过程。如果一场谈话变成单方面的倾诉，那么这个谈话要么是在极为相熟的朋友间进行，要么就是一场失败的交流。想要进行更为成功的谈话，有一个好的交流过程，好的说话方式、共同话题必不可少。

你是一个可以说心里话的人吗

你是一个好听众吗？你能藏得住秘密吗？朋友的心里话，你会这边听完那边就传出去吗？

对照上面的问题，每个人都会给出自己的答案。每个人的答案可能不尽相同，因为能守住朋友秘密不是一件容易的事。很多人在听到对方的心里话后，第一时间就将听来的信息四处散播。这类人我们称之为“传声筒”。如果身边有这样一个人，谁能安心将自己内心深处的话和他聊呢？

打探别人的隐私，了解别人的私生活，探查别人的内心世界，这是人类的好奇心在作祟。每个人都或多或少有这样的心理，希望能知道对方更多的真心话，而不是流于形式的客套说辞。其中，会有不少人将别人的心里话当成自己的谈资，当作自己在人前炫耀、卖弄的资本，为此朋友反目的事情并不少见。在人际关系发达的今天，得到一个能和自己说说心里话的朋友越来越难。如果仅仅因为自己一时的虚荣心而将对方的隐私泄露出去，这种做法太愚蠢，太不理智。

对方的心里话，往往是他们不愿意被人知道，或者是不愿意被大多数知道的隐私。但每个人都有倾诉的要求，都有向别人表达自己内心世界的需要。当选定一个人的时候，他是完全赤诚相见的，是将对方当作与自己关系最亲密的人，最信任的人。如果你将对方刚刚说出的隐私很快散播出去，那么你就亲手打碎了朋友对你的信任，亲手埋葬了彼此的友谊，从此再难以取得对方的信任。朋友变成陌路，甚至彻底撕破脸皮，形同仇人。

八卦是人的天性，但并不是所有的话题都可以拿出来当作自己炫耀的资本。一般来讲，朋友的心里话都是对方最不愿意让其他人知道的，或者是感情上的，或者是个人成长经历中最不忍直面的，或者是曾经受过的屈辱，或者是曾经惨痛的失败、教训，等等。不排除部分心里话的内容是有关个人正面的一部分，但多数都是负面的信息，这些信息放在心里久了，人们就有拿出来找个人述说的愿望。他们希望能从自己认为最亲密的朋友那里得到理解，得到支持，得到感情上的慰藉。这才是他们的初衷，才是他们愿意和我们分享自己心底那点私密的根本原因。人们都有自我保护意识，他们不愿意自己的东西被太多人知道，所以他不希望和你说过之后，再经由你的嘴散播出去。如果需要，他自己会说出去的，不用你去帮这个忙。

然而，很不幸，有不少朋友将对方的这份信任、这份感情上的寄托击得粉碎。他们觉得自己了解到了对方不为人知的一面，似乎突然间自己的意义变得重大了起来，急于将这个“秘密”在第一时间“分享”给身边所有的人。于是原本只有两个人知道的事情，一下子变成了公开的秘密。他们很享受这种说出别人秘密的感觉，在别人唏嘘的感叹声中获得一种满足，却从没有考虑过这种满足背后他需要付出怎样的代价。

这个代价是沉重的。你不但失去了以往最好的朋友，也将被身边获得“秘密”的那些人警惕，他们会在第一时间认定你是个不能深交的人，是个喜欢到处散播别人隐私的人。他们不会再愿意和你有更进一步的深入交往，因为他们知道，今天从你嘴里讲出来的是张三的秘密，明天讲出来的可能就是他们自己的秘密。

只有守得住秘密的人，才能得到更多的秘密。

一个好的听众，首先要有为对方保守秘密的觉悟。这是对他人最起码的尊重，也是对自己的尊重。这个时候，我们不妨尝试着换位思考，想象一下，自己认为最好的朋友，当你向他述说了多年来藏在心里的话，表达了自己的很多观点、看法后，第二天就变成了全天下人都知道了，你会是什么感受？

有一个村子，民风非常淳朴，大家相处和善，友爱互助，彼此间没有任何芥蒂，俨然一个世外桃源。一天，从外地来了一对夫妇。男人沉默寡言，女人则十分健谈。

新夫妇的到来得到了村人的热烈欢迎，大家都拿出家里最好的东西招待他们。很快，这对夫妇便融入了村人的生活。一开始，彼此相安无事，没有任何事情发生。很快，村人发现，大家看彼此的眼神有些不对了。

新来的那个女人非常热情，热情得过了头，她经常走东家，串西家，到这家坐坐，在那家聊聊，很快她便和村子里的其他女人打成了一片，成为她们最好的聊天伙伴。这些村人是淳朴的，她们有什么说什么。女人们聚在一起，张家长，李家短，说起来没完没了。说者无心，听者有意。这些话都进到了这个新来女人的耳朵里。不幸的事情发生了，她几乎将听来的所有信息都添油加醋地说给了其他人。什么李家大婶说你抠门，张家大娘说你小气，王家老婆说你长得丑，却嫁了个好人家，等等。

一个月不到，整个村子被这个女人闹得鸡飞狗跳，邻里之间经常爆发大战，每天都有人在争吵。一个宁静的村子再无宁日。可笑的是，那个新来的女人仍然一如既往地游走各家，将她听来的话说给其他人。

没过多久，村人终于明白了，一直以来让他们不得安宁的罪魁祸首竟然是那个新来的女人。大家商议之后，最终将这对新来的夫妇赶出了村子。

然而，从此，这个村子再也没有了往日的和谐与友爱。大家时时处处都在提防着对方，就连看对方的眼神都充满了戒备和敌意。这一切都要拜那个女人所赐。

当你的朋友无论是向你倾诉他生活中的尴尬，还是向你讲述自己的极端看法时，作为一个听众，我们能做的就是将这些话烂在肚子里，不再向第三个人提起。直到有一天，你将它忘记。

说者可以无意，听者必须有心

有一道初中语文题。

小明每晚练习钢琴到很晚，经常如此。一天早上，邻居家王大爷见到小明笑呵呵地对他说：小明啊，每天晚上练钢琴到那么晚，注意身体啊！问：如果你是小明，你该怎么回答！

我朋友的小孩在答卷上写道：知道了，王爷爷，我会注意自己的身体的！

评分：0！

朋友的孩子拿着卷子觉得自己很委屈，就去问他爸爸，也就是我的那个朋友：为什么他的这个答案老师给了零分？难道不应该回答注意身体吗？如果不是这样的话，那该怎么回答？

朋友一脸惊愕，他告诉我，没有想到初中生的考卷上竟然能出现只有成年人才会思考的问题。朋友告诉他儿子，这个问题的标准答案应该是：知道了，王爷爷，我以后每天不会再练那么晚了，肯定不会打扰您休息的！

等到老师评卷的时候，标准答案果然和他爸爸讲得一般无二，如出一辙。

他儿子顿时傻了。

他不明白为什么答案会是这样的，因为他还太小，不能明白话里有话、言外之意是怎么一回事。

说者可以无意，听者必须有心。这样才能从别人的话语中听出真正的，也就是平常所说的言外之意。我们有时候在说到一些问题的时候，不方便，或者是不太好意思将内心真正的想法表露出来，不得已便用了相对委婉、含蓄的方式表达自己的意图，希望对方能明白。比如在谈恋爱的时候，如果你女朋友路经一个服装店，指着里面的衣服对你说：亲爱的，你看那条裙子好看吗？如果我穿上肯定很好看，你觉得呢？

这个时候你该怎么做？

“走，亲爱的，我们进去拿下它！”这是标准答案。

很多时候，在与别人谈话的时候，我们需要思考，需要仔细去琢磨对方的话，这样才能真正读懂对方的意思，而不是流于表面地去看待问题。这就是人们经常说的，弦外之音。做一个好的听众，必须有读懂对方弦外之音的本领。它是对方在讲话时没有直接说出来的意思，以间接的方式，从侧面透露有用的信息。这也就是话中有话，言有尽而意无穷。善于捕捉别人的弦外之音是聆听的技巧，也是与人交往的奥妙之处。因为，这个弦外之音，才是对方内心的真实想法。如果没有弄明白这一点，彼此的交流就无法再继续下去了。作为一个听众，很显然，你是失败的。

有时候，有些人话中有刺，语带恶意，不能不早作提防，以备不测。这种话就像一把匕首，杀人不见血，伤人于无形。古今中外一些有权势、地位者往往在讲话的时候并不直接透露个人意图，而是通过含蓄的方式，将自己的真实想法表达出来。这就要求你在与别人对话的时候，要做到听话听音，不能光从表面意思入手。如果那样，祸到临头可能还蒙在鼓里。

沈万三是明朝开国时的首富，真正意义上的富可敌国。朱元璋建国之后，下令修筑南京城墙。这本来是国家的事情，和商人没有什么关系。但沈万三不这么想，他主动向朝廷请缨，自己掏腰包修筑南京城三分之一的城墙。这笔开销说是天文数字一点也不过分。如果只是做了这些，问题还不大。沈万三得到朝廷许可后，不仅保质保量完成了工程，而且还提出申请，要自己出钱犒赏朱元璋的军队。

朱元璋冷冰冰地对他说："我有雄兵百万，你犒赏得了吗？"

很明显，这句话本身的意义已经不重要了，重要的是它表达了朱元璋本人的真实意图：犒赏军队这件事不是你一个商人应该做的。你来犒赏军队，想干什么？难道你还想造我的反不成吗？

很可惜，一代巨贾沈万三没有听出朱元璋这句话的弦外之音，却说了一句让他后悔一生的话："即便是这样，我仍然可以给每位士兵发银一两。"

本来沈万三的意思是为了表自己的忠心，想通过为朱元璋做点实事讨好他，但却没有摸准朱元璋的脾气，更没有搞清楚朱元璋话里的深层含义。

听到沈万三说自己可以为每位士兵发银一两，朱元璋真的愤怒了，他再一次冷冷地对沈万三说："朕的军队朕自己会犒赏，你就不用操心了。"

可怜的沈万三本来的意思是想借着这次修筑城墙讨好朱元璋，没想到赔了夫人又折兵，城墙修好后朱元璋要杀他的头，要不是马皇后出面，他早就人头落地了。不过朱元璋还是没有放过他，把他远远地发配到云南去了。如果他能早早听明白朱元璋的弦外之音，锋芒早敛，就不至于落得个如此悲惨的结局。

有时候，有些话对方看似漫不经心地说出来，其实内含机锋，大有深意，并不像表面看起来的那样和风细雨，不温不火。说的人可以用这种方式去表达，但作为听众，我们必须读懂他内心真正在想什么，他到底要表达什么意思。只有这样，我们才能做出最正确，最接近事实的判断，做好应对准备。

尤其是一些年轻人，刚刚入世，对社会知之不深，对事情的看法往往流于简单，把社会想象得过于美好，对人的提防之心不多。职场中，朋友交往中，逢人便剖心析肝，坦诚相待，但对方是否如此，很值得推敲。别人一句看似夸奖的话可能是在讽刺，也可能是在捧杀。即便不是负面的诋毁，也有可能是在套取他们觉得有用的信息。

听者有心，就是在聆听别人谈话的时候，能从细微处察觉出深意，听懂别人的弦外之音，这是生活智慧的体现，也是为人处世的必要技能之一。

下半夜再为自己考虑

想得到朋友，就要懂得付出。凡事多为别人着想，你才能从自我中走出来，看到一个更加广阔的世界。

这里有一则关于为他人着想的经典小故事。

一个人独自在沙漠中行走，很不幸他迷了路，一连几天，他都没有找到正确方向。在强烈阳光的暴晒下，他又饿又渴，烦躁难安，他认为自己这次恐怕很难走出这片要命的沙漠了。就在他绝望得快要放弃的时候，忽然发现不远处有一个非常破旧的小屋子。

这个人看见了小屋子，就像看见了生命中最大的救星一样冲了过去，虽然他不知道屋子里是不是有他需要的东西。冲进屋子，他觉得自己简直就是世界上最幸运的人，因为屋子里的确有他最需要的东西：水！而且还有一口水井，看上去很深很深的水井。水井旁边放着一个水壶，水壶里装满了水。当他拿起水壶的时候，他犹豫了，因为水壶上写着这样一句话：请不要直接饮用水壶内的水，你必须将壶里的水灌入水井中，自行打水，并且在你离开的时候，请将水壶灌满。

这个人犹豫了。因为水井看上去黑洞洞的，他不知道如果将水壶里的水灌下去，是不是真的能引水上来，这里可是沙漠。而且，这壶水对现在的他来讲，无异于就是他的命。

经过一番激烈的思想斗争，他还是选择了把水壶内的水灌入水井，结果他成功地引出水来，饱饱地喝了一顿，还装满了身上的水袋。临走前，按照水壶上的指示，他又将水壶灌满。等他离开这片沙漠的时候，他才知道，如果自己在小屋内喝了那壶水的话，其实根本无济于事，因为这片沙漠比他想象得还要大，必须有足够的水才行。是那个水井帮了他，更是那条提示帮了他。当时如果他擅自喝了水壶里的水，可能真的要渴死在那片沙漠中了。

人都是自私的，这是人性的弱点。但我们能从经验中吸取教训，能将弱点的危害最大程度减轻，发扬人类真善美的一面。其实，当我们敞开胸怀，无私地帮助别人的时候，你会发现，帮助他们也就等于帮助自己，就像上面故事中提到的那个人一样。

《红楼梦》中有句话："机关算尽太聪明，反误了卿卿性命。"就是说人不能总想着为自己谋取私利，想着去算计别人，那样的话，到头来害的还是自己。总是在为自己考虑的人，他们眼中看不到别人的存在，从不会站在别人的角度考虑问题，凡事都将自己的事情放在第一位，所有的利益，自己都要占大头，所有的好处，自己都要先筛选一遍。长此以往，还有谁能和你走在一条路上？还有谁愿意在你遇到困难的时候帮把手？还有谁愿意在你需要他的时候站出来？……

不会有人愿意帮助一个极度自私自利的人。自私鬼从来都是孤独的，他们没有朋友，也不认为朋友对他们有什么用。他们没有伙伴，因为没有人愿意做他们的伙伴。孤独的人生一个人走过，看似占到了不少好处，其实失去的更多。

人际交往中，凡事多为自己的朋友着想，遇到好处不要忘了他们，哪怕是一件高兴的小事，也可以和他们分享。总是将朋友放在自己前头的人，他们也会优先考虑你。所以，上半夜为你的朋友考虑，下半夜再为自己考虑吧。

个人的世界是小的，大家的世界才是整个世界，才是你能获得更多机会，获得更多帮助，获得更大舞台的世界。现代社会，人际交往发达，各种关系层出不穷。同事、领导、下属、同学、亲戚、邻里、客户、友人……这是一个很大的圈子，其中蕴藏着巨大的财富，人脉资源的含金量远远大过你的想象。在这个圈子里，为自己树立一个处处替人着想的正面形象，是一件意义重大的事情。过分地自私自利，那便是自绝于他人的门墙之外，从此朋友成路人，同事成仇雠。

自私的人，在领导眼里，是个没有前途的员工；在同事的眼里，是个不值得信赖的伙伴；在朋友的眼里，是个不值得深交的路人；在亲戚眼里，是个不能依赖的他人……自私鬼的世界是孤独的世界。

中国有句老话，“吃亏是福”。吃亏代表的是谦让，是成全别人，是用自己的利益帮助别人实现他们的利益。这种损己利人的做法，是美德，是一种崇高的人生价值。这种价值极富感染力。它能感染你身边的每一个人，以你为标杆，以你为榜样，在你需要帮助的时候，他们会在第一时间伸出援助之手，即便在你不需要他们帮忙的时候，他们也会时时刻刻念着你的好。

将别人的事情当作自己的事情去做，把朋友的困难当成自己的困难，把朋友的问题当成自己的问题。多付出，多为别人着想，少些患得患失的心，不要太过计较生活里的每一次利害，认真做好自己该做的事情，这才是应有的处世之道。如果你在为自己没有成就，没有好的人脉关系，没有人愿意帮你而烦恼，那就请将上半夜留给你身边的那些人，下半夜再为自己考虑吧。

做圈中的“及时雨”

社交是讲究技巧的，很少会有通用法则，因为这是一件复杂的事情。但当我们去总结、去发现那些成功人士、那些卓越人士的成功经历时，你会发现，他们身上有一个共同点：喜爱做“及时雨”。

那些取得了非凡成就的人，总是会在别人有困难的情况下主动伸出援手，能在第一时间为别人解忧。他们经常给身边人提供帮助，却不以获得回报为目的。因为这种品质，他们赢得了广泛的人缘，得到了大多数人的拥护。当他们需要帮助的时候，身边总会有各个行业的杰出人士聚拢在身边，为他们出谋划策，排忧解难。

宋江，是一个典型的喜爱帮助别人的人。《水浒传》里，宋江有一个绰号叫“及时雨”。当他还是朝廷官员的时候，他就主动帮助过李逵，帮助过武松，帮助过众多的后来啸聚水泊梁山的好汉们。最开始的时候，宋江并没有想过自己有一天会成为“反贼”的头目，但就在他始终如一帮助各路豪杰的时候，得到了众家兄弟的一致认可。当晁盖去世后，宋江无可争议地当上了水泊梁山的总瓢把子（即老大），这是“及时雨”这个名头给他带来的荣耀。论武功，他不如李逵，不如武松，不如水泊梁山中绝大多数好汉；论智慧，他不及吴用。一个五短身材，其貌不扬，脸如黑炭的宋江，凭什么让那么多的好汉拜服？根本原因就是这些好汉中的很多人曾受过他的帮助，即便那些没有直接得到过宋江帮助的人，也钦佩他那种雪中送炭的侠义行为。

及时雨，就是在别人急需帮助的时候，能伸出援助之手，可能是为数不多的一笔金钱，也可能是借用自己的人脉，或者是一个及时的提醒。最重要的在于“及时”两个字，能在第一时间，毫不迟疑地给予无私帮助。

澳门特首崔世安曾经有过一段国外留学经历，那时的他，别人称为“小及时雨”。其实，当年横行上海滩的青帮老大杜月笙也被人称呼过“及时雨”。杜月笙的发迹，以及后来的成就，与他的这种品质是有很大关系的。

戴笠当年一直跟在蒋介石身后。蒋介石第一次下野的时候，给了他五百块大洋供他生活，没想到这五百块大洋被他的一个同事卷走。戴笠无奈之下，去求助当时已经大名鼎鼎的杜月笙。杜月笙二话没说便给了他五百块大洋。没想到的是，这五百块大洋不久又被戴笠的另一个同事卷走。走投无路之下，戴笠只能再次去找杜月笙说明情况。杜月笙没有丝毫犹豫，再次给了他五百块大洋。这是第二次去要钱，按常理，杜月笙大可以怀疑戴笠讹诈自己，但他没有。

后来蒋介石复出，戴笠在杜月笙的生意上给予了很多帮助。事实上，杜月笙认识戴笠的时候，戴笠不过是他赌场里的一个赌徒罢了。如果说有什么不一样的地方，那就是这个人较之常人更聪明伶俐一些，脑子很活，很会办事。因此，杜月笙特意给时任黄埔军校校长的蒋介石写了一封举荐信，向他推荐了戴笠。后来戴笠果然得到了蒋介石的赏识，一路青云直上，很是风光。

杜月笙在帮助别人这方面做得很到位，所以他的生意得到了很多人的帮助，因此才能成就他虽不光彩却颇有影响的人生。

及时雨，不单单是慷慨解囊，雪中送炭，它更要求我们在帮助别人的时候，能够做到豪爽大方。就像杜月笙，拥有这样的气度、豪情，才能得到好人缘，得到别人的真心拥护。

传奇商人胡雪岩也是乐于帮人、大方帮人的典型。

当时在钱庄做伙计的胡雪岩遇见了穷困潦倒、一贫如洗的王有龄。此时的王有龄正在京城跑官，也就是找门路、托关系弄个一官半职。但是一文不名的王有龄根本就是一筹莫展，没有银子，就进不去那些达官贵人的府上，连看门人的赏钱，他都给不起。胡雪岩听说后二话没说，将自己刚刚要来的五百两银子当即送给了王有龄，资助他跑官。为此，胡雪岩丢掉了收入不错的钱庄工作，变成了没有收入的闲人。

放在很多人身上，一个穷困潦倒的书生，既没有门路，也没有背景，平白搭上自己的前途，还给了他五百两银子，这种事情除了胡雪岩再也没有第二个人能干得出来。王有龄果然谋得了一个官职，在胡雪岩后来的经商道路上，王有龄是他最大的靠山之一，曾经得到过他多次帮助，两人的关系非比寻常。

当今时代，人人都在为自己的生活精打细算，生怕在与人交往的过程中吃了亏，没有占到便宜也会痛心疾首，责怪自己脑子不够灵光，为什么没能得到一星半点的好处。很多人为了朋友欠自己的一两千块钱不惜翻脸，还有些人听到朋友有困难了，恨不得立即从他们的生活里消失，对方再也想不起自己。这些自私自利的行为表面上看能得一时之利，但如果眼光放长远一些，就会发现，这种为人处世的品质，这样的胸怀，很难在未来的道路上取得任何成就，因为他们的生活圈子很狭隘，在他们的世界里，只有自己。

成功是从帮助别人成功开始的。帮助你的客户顺利地把货卖出去，你才能顺利地把自己的货出手；帮助你的同事解决工作上的难题，你才能有机会提高自己的人脉质量，帮衬自己。每个人的成功都不是完全靠自己单打独斗闯出来的，需要依靠的是更多人的力量。

一个篱笆三个桩，一个好汉三个帮。在圈子里给自己树立一个“及时雨”的名头，你的世界将会因此发生翻天覆地的变化。

让人放心的“办事能力”

什么最能让人放心？背景有一天可能会靠不住，关系有一天可能会失灵，金钱有一天可能会贬值，唯一能让人放心的莫过于你的办事能力。这是最能体现一个人价值的根本所在，也是每个人安身立命的根本所在。

人际交往中，有很多方法、技巧可以借鉴。什么才是自己独一无二的技巧呢？只有自己的办事能力这一点是任何人都无法复制的。当领导面对一项工作需要有人解决的时候，他有很多选择，可能是张三，可能是李四，也可能是王五，为什么会是别人，而不是你呢？

因为在他的脑海中第一个闪现出来的人，就不是你。也就是说，在他的心里，你并没有给他留下多么深刻的印象，他对你的办事能力的认可度，对你的信任度还没到能在第一时间选择你的地步。可能当他的很多选择都无法实现的时候，你才能有机会在领导面前好好表现一番。其实相对于其他人，如果他没有能在第一时间想到你,你就已经输了。起码你是输在了起跑线上。

人际交往的道理也是如此。领导重用的，和领导关系好的，必然是那些领导认为办事能力突出的员工。而在朋友圈子里,那些相处最融洽的几个人，都是彼此有过很深交往，都有超出常人办事能力的人。因为他们彼此在出现状况的时候，立刻就会想到对方，而不是你。其实就熟悉程度而言，可能你并不比他们中的任何一个人差。但关系就是差那么点意思。

差就差在了办事能力上。

领导喜欢什么样的员工？很简单，能办事的！他们喜欢这样的人。朋友也是一样。他们喜欢那些不打折扣能将事情办得漂漂亮亮的人，而不是嘴上答应着，实际上却什么也干不了的家伙。

这类朋友在生活中并不少见。他们一边在电话里和朋友说好好好，没问题，很快给你办。撂下电话，立刻将朋友托付的事情丢在了十万八千里之外，自己逍遥快活去了。还有的朋友，当面答应得非常好，言称自己一定行，不是大事。但结果发现，这件事自己真办不了。无奈之下，只得告知对方，这件事超出自己的能力范围了。一来二去，不但事情没办成，还把对方的时间耽误了。这样的人，第一次，碍于关系，朋友不方便说什么，第二次仍然不说，等到第三次的时候，你在对方的心里基本上已经消失了，或者他可能已经将你从朋友圈里剔除了——你不是一个值得信任的人。

什么是办事能力？怎样才能让对方在第一时间想到你？其实并不是很难的事。

第一，答应朋友的事，一定办到，办不到的不要答应。这是一个原则问题。能做的尽量做好，不能做的提前说明。每个人都有自己的长处和短板，有些事情你做不了，这很正常，在情在理，人毕竟不是万能的。只要将你答应下来的事情做好了，做得漂亮，而且每次答应下来的事情无论大小都做好了，这样的能力，就是好的办事能力。因为你答应过的事情，都做到了，有信誉，有保证。提起你，你的那些朋友都会竖大拇指。

第二，该出手时就出手，适当时刻让人刮目相看。人们最期待的不是天才取得了多么伟大的成就，而是一个平凡的人取得了不一般的成就。适当的时候一鸣惊人可以取得良好的效果。其实，人的潜能是在不得已的时候被激发出来的。人的能力是在不断地追求更好的过程中得到锻炼的。有些时候，看似不可能的事情，其实并非那么“不可能”，只不过自己可能都不敢相信，自己能把某件事情办好。在这样的时刻，要敢于立“军令状”，给自己压力，而不是甘于做一些鸡毛蒜皮的小事。本着负责任的态度，不断寻找更好的办事方法，提高办事效率，学习更高超的办事技能。当你顺利完成了一件看似不可能的事情后，回过头，再看看你的朋友是怎么看待你的。

第三，超出对方的预期。怎样才算把事情做得漂亮？具体的衡量标准，因人而异，因事而异。如果要让对方看好你的办事能力，最好的方法就是把事情办得超过他的预期。每个人在面对一件事的时候，都会预测这件事情结果大致是个什么样子，如果做成了，大致会有什么样的效果。这就是人们的预期。比如，对方给了你一个 100 斤的担子，认为这是你能力范围之内的，可以为他分担这么多。结果你却给他分担了 110 斤，这就让人感到惊喜了，超出了他的预期。如果他的预期是 120 斤，你分担了 115 斤，还是很难让他满意。

第四，有点新意。做事保守，不容易出错，这是稳健的做法。通常情况下，在给朋友帮忙的时候，人们都会选择相对保守的做法，不求有功，但求无过。多数情况下，这种心理无可厚非，但很难给人留下深刻印象，对方会认为，你的办事能力不过如此。事实上，可能你的能力并不止于此。所以，必要的时候，我们需要展现出自己创新性的一面。创新精神是一个人积极进取的表现，是不甘于现状，乐于思考，善于思考的结果。可能不一定每次创新都是成功的，但没有关系，人们总是对新的东西感到好奇，这种东西最能勾起人们走进它、了解它的欲望。

想有一个好人缘，个人良好的办事能力必不可少，这与在职场升迁殊途同归，虽然形式不一样，但本质相同，都是要用自己的能力去征服身边的人。

忘记你对人的“恩”

懂得感恩，报恩，这是一种美德，从接受帮助的人的角度来讲，这是值得提倡的行为，是每个人都应该抱有的心态。中国人讲“滴水之恩，当涌泉相报”，就是这个意思，讲的就是不能忘记曾经给自己提供过帮助的人。但对于恩惠的施予者来讲，不应为了要得到别人的回报，更不应为了有朝一日能得到对方的“涌泉”,而就是帮助本身,在别人有困难的时候伸出援助之手,拉对方一把。

忘掉对别人的恩惠，也是一种修炼，也可以看作得到良好人际关系的试金石。在一个圈子里待久了，总是免不了会给不同的人一些不同的帮助，无论大事小情，总会有机会给别人干点什么，如果总是将那些事情挂在嘴上，动辄“你别忘了，我曾经帮过你……”这样的人，以后还有谁敢再接受你的帮助？还有谁愿意再与你走到一起，承认是你的朋友？

有些事情，我们需要牢记，比如别人对自己的恩惠；有些事情，我们需要遗忘，比如自己曾经帮助过别人。

单位曾经来过两个很不错的小伙子，都是名牌院校毕业，年轻有活力，很有冲劲，两个人都在很短的时间内做出了比较出色的成绩。可能也就是因为这样，两个人的关系很快从普通同事变成了无话不谈的朋友。然而，不到半年，其中一个提出离职。

问过原因我才知道，原来小伙子A家境不是很好，外出跑业务的时候都是坐公交，自己还没有能力买车。小伙子B家里条件相对好些，刚来单位不久就买了辆新车，虽然不是什么好车，但外出方便了很多。因为两人是朋友，所以A有时就让B用他的车子接待自己的客户，一来二去，次数就多了一些。

当然，A并不是不识趣的人，每次都给了B足够的车钱。但B并不认为那样就算是报答他了，他不满足。B认为，有些单子是A用了自己的车子才争取来的。所以B提出，以后如果A再使用自己的车子签下的单，利益均分。用了别人的车子，A无奈，也就答应了。可B还是不满足，为了能拿到单位的优秀员工，他甚至要求自己的朋友将就要到手的客户让给自己。

这样，两个人就闹翻了！

听过A的描述，我让他先回去，并没有急着做决定。这种事情，我是第一次碰到。叫来B，我问他为什么和A闹矛盾，B扭扭捏捏说了半天，最终我听明白了，除了他要好处、要客户的事情没说，基本上和A的讲述一致，虽然他极力想掩盖自己要好处的事实，但还是没能瞒过我。

最终，我留下了A，让B走人了。

施恩图报，这种行为本身就让人觉得很不舒服，而且一而再再而三地要求回报，这就让人反感。朋友翻脸是迟早的事。

很小的时候，老师就告诉我们“做好事不留名”是美德。古希腊政治家伯里克利说过这样一句话：“我们结交朋友的方法是给他人以好处，而不是从他人那里得到好处。”

不图回报的施恩，才是真正发自内心地去帮助别人，是无私行为。如果以获得报酬为目的去帮助对方，就变成了交易，彼此之间不再有友谊存在，也不可能建立友谊。所谓月有阴晴圆缺，人有旦夕祸福，在朋友圈子里，谁都说不准自己什么时候碰到点困难事，烦心事，都有需要别人帮忙的时候。此时此刻，我们需要的不仅仅是一双帮助自己的援助之手，更是一颗无私奉献的心，而不是赤裸裸的交易，像是在做生意一样，事先谈好价格，或者事后开出更高的价格。

交往，是一个互动的过程，用真心才能换来真心。只有对朋友以诚相待，他们才能对我们以诚相待。如果是有交换条件的帮忙、援助、恩惠，那这样的恩惠，这样的帮助，找你可以做，找别人也可以做，为什么一定要找你呢？

忘掉自己曾经给过别人的恩惠。因为只有你忘记了自己曾经的给予，忘记了自己是施恩者，忘记了自己要索取，这样的“恩”才有意义，才能称得上是“恩”。如果总是惦记着自己给过某某人什么什么好处，而且经常就某些所谓的“恩惠”唠叨不休，总是挂在嘴上，这样的恩惠，不但失去了它应有的社会价值，同时也会让你失去人心，失去人们本应该给予你的一颗火热的心。

有些人，哪怕是给予了别人一星半点的恩惠，也能记上一辈子。他们见到对方发迹，经常说的一句话就是：“不要忘了，当年我还曾经给你买过一个茶叶蛋，不是我的那个茶叶蛋，你能有今天吗？”他们可能就是因为这样那样的“茶叶蛋”而理直气壮地向对方索取。他们本能地认为，自己就是对方的活菩萨，如果没有自己，对方此时此刻能有多惨，就有多惨。因此他就成为对方的救世主，成为对方最应该报答、感谢、感恩的一个人。他们是高高在上、盛气凌人的。他们用曾经的“恩惠”作为要挟别人的筹码，站在所谓“饮水思源”的道德高度审判别人的不报答行为，事实上，对方的报答可能早就远超他当初的给予了。

对于曾经给予的恩惠，我们要学会忘记，视它如鸿毛一般轻，如白水一般淡。当你这样做的时候，你会发现，身边总是少不了帮你的朋友。

第六章

气场修炼，提高人际掌控力

通过气场，我们能获得无穷无尽的力量，能完成看似无法完成的任务，能克服一个又一个困难，能影响身边的人，能掌控局面，能主宰很多事情。

有人脉，还要有人脉圈掌控力

我们都希望有一个属于自己的牢不可破的人脉圈子，经过很长时间的努力，很多人做到了这一点。当拥有了自己梦寐以求的人脉圈子的时候，很多人突然发现，自己在这个圈子里的影响力微乎其微。为什么会这样？为什么有的人好像天生就是领袖，可以一呼百应，追随者众多，只要提出一个建议或者是看法，立刻有很多人站起来响应，而自己，除了默默无闻外，似乎什么都做不了？

自己到底出了什么问题？

人类研究世界通过两种途径，一种是对自然现象的研究，一种是对社会现象的研究。前一种叫作自然科学，后一种叫作社会科学。自然科学家们通过一个个定理、公式来解释这个世界，社会科学家们则通过一个个现象进行阐释。自然科学家可以通过看似很简单的规律描述自然界中存在的一些复杂现象，比如天体运行、万有引力等。社会科学家们也可以用一些具有启发性的概括描述来解释某些社会问题。

要解释你为什么没有像有些人那样，具有领导大家的能力，不能像有些人那样，具有号召别人、鼓动别人，进而掌控别人的能力，两个字就可以说得很清楚，那就是气场。

自然界中的很多奥秘等待人类去探索，去发现，人类社会也是一样。很多的生物之间具有天然的亲密性，而某些人之间也存在一定的亲密性，比如热恋中的情侣。人们总是喜欢对某一类人的某些行为感到亲近，可靠，倍受鼓舞，愿意听从指挥，希望能聆听他们的教诲，乐于被他们掌控，这就是那类人拥有一定气场的缘故。

我们经常能在生活中见到这样的情形，同样一个人，面对同样一个问题，不同人去劝说、开导，产生的结果可能是完全不同的，有的人甚至能起到相反的效果，而有的人三言两语便能轻松解决。还有一种情形，当大家在讨论某一个问题的时候，在场的很多人观点都不一样，其中一些观点客观上看没有问题，很契合问题的实质，但就是得不到大家的认可。正当大家争论不休的时候，来了另外一个人，他对这个问题的看法正好和之前争论最多的那个看法相吻合，此时这个观点被几乎所有人接受，最终形成定论。

这样的例子，不胜枚举。很多时候，人们在审视某个观点的时候，并非完全依据观点本身，而是从提出观点的那个人出发，以此论断。无论这种行为本身是不是科学，它都揭示了一个客观存在的事实：人不一样，事情往往会发生很大的改变。

有些人，似乎天生就容易赢得别人的喜爱，能在最短的时间和所有人打成一片。他们举手投足之间都带着一股让人难以抗拒的魔力，他们的每一句话、每一个动作似乎都富有感染力，无论说的是什么，做的动作是不是笨拙，在大家眼里，都是可爱的，都是有意义的，都是最应该被接受的。

他们不是天生的领导者，却拥有最好的人脉圈子掌控力。在这个圈子里，他是核心，是这个圈子的“主心骨”，他的言论影响着整个圈子，他的行为成为大家共同模仿的样板。这是最高超人脉圈子掌控力的典型表现。

所谓人脉，就是你认识了对方，或者你认为自己认识对方，但事实上，这个“人脉”对你而言，它的积极作用有多大，能起到什么样的效果，很多人没有认真想过。罗斯福曾经说过：“成功的第一要素是懂得如何掌控自己的人脉圈！”

我见过这样一类人：他们有很多的朋友，各行各业都有，他们认识很多人，经常在外面“应酬”，他们有接不完的电话，赶不完的饭局，但当他需要有人帮忙的时候，他慌了。第一，他不知道该找谁，虽然朋友众多，但他并不知道这些朋友中，有哪些在这个问题上能派上用场，哪怕是给自己提一些建议；第二，愿意帮助他的人并不如他想象中那么多。

单位一个经理曾经跟我说起过他年轻时的一件事，让我感触很深。他说他大学刚毕业那会儿，初到单位，什么都不懂，家里人告诉他，在单位一定要搞好人际关系。所以他就想尽一切办法和所有人处好关系，见到谁都是客客气气的，碰到谁都要喊声好。无论是谁，只要有困难，哪怕不喊他，只要他闲着，肯定第一时间去帮忙，早上早早来到单位把开水从茶水间打来，晚上最后一个离开，检查所有电源开关，关门。

如此两年。两年后，他和另外一个大学生竞选办公室主任。那个大学生和他一起来的这家单位。竞选的方式是公开、公正的，竞选演说非常重要。他为此做了精心准备，他坚信这个办公室主任就是自己的，因为那个大学生在单位的人际关系好像不如自己，这次竞选，单位每个员工都有一票，所以他觉得自己赢定了。

当结果出来，他才惊愕地发现，原来自己的票数连对方的一半都不到。他彻底蒙了，不知道这到底是为什么，自己这两年到底在干什么？为什么对方什么都不做，就能轻易将自己打败？这太说不过去了。但他知道，这次的竞选绝对是公开、公正、公平的，不存在任何暗箱操作的问题。

像斗败的公鸡一样，他耷拉着脑袋去找了他的顶头上司，他想知道自己的问题到底出在哪儿。听完他的诉说，他的那位上司呵呵一笑道：“你这几年在单位的表现大家都看在眼里，非常不错，我们都很喜欢你，但你觉得自己像个领导吗？这次即便你胜出了，你和那个小伙子站在一起，他比你更像主任。我们这次选的是领导，而不是一个端茶递水的人。”

他恍然大悟，犹如醍醐灌顶，这件事给了他深刻的教训。他对我说：这就是人与人之间的气场，不服不行。我当时听完领导的话，真服了。的确，当时我和那个大学生站在一起，虽然平级，但我更像他的下属。

有了人脉圈子，要能将它利用起来，实现人脉圈子的价值，这才是我们建立人脉关系的根本原因。认识人，只是第一步，将人脉变成自己的关系，这是更进一步的关系升华，人脉圈子的掌控力才是最终目标，是最需要领会、掌握的交际技能。要想提高人脉圈子的掌控力，就要提升自己的能力、素质，提高影响他人的能力，提高自己的魄力，提高我们的精神层次和境界，取得更大的世俗成就，等等。

不求风流倜傥，但求一表人才

与人交往，第一眼给别人留下的印象往往十分重要，也就是所谓的第一印象。它有时甚至能决定一个人是否可以取得对方的赏识，是否能得到对方的认可。人们通常愿意结交那些看起来有活力、阳光、积极向上、充满正能量的人，而不太愿意和一个看起来浑浑噩噩、悲观抑郁的人交往。所以，在人脉圈子里，我们要展示出自己最有魅力的一面，真正做到让人第一眼看上去就觉得这个人一表人才。

一表人才，不是长相英俊，这是对一个人气场的描述，对方可能是一个长相极为普通的人，但却能给人留下深刻印象，有才华，举手投足间流露出特有的轻松和潇洒；他有能力，有气质，乐意与人交流，而且擅长有技巧的交流。相对而言，风流倜傥的人更能得到他人的好感，但毕竟不是所有人都能成为风流倜傥的代名词，做到这一点，需要的潜质不是所有人都具备的。它需要有非凡的才华，卓越的能力，还要有一颗洒脱不羁的心。风流倜傥的人，并不在乎世俗的眼光，而我们却偏偏生活在世俗之中。

很多人都梦想自己能成为一个风流倜傥的人，不受任何礼法的束缚，有着过人的才情，潇洒的个性，不羁的心灵。但实际上，并不是所有人都能如愿。唐伯虎似的人物只是存在于影视剧中。现实生活中，我们只要做到一表人才，便可以达到理想的气场效果。

怎样才能算是一表人才？虽然没有统一标准，却有一些要点提示。

第一，注意自己的衣着。如果你不是搞艺术的，或者类似的文艺工作者，那么就请注意自己的衣着打扮，无论你是男性还是女性。通过一个人的穿着，通常可以将其划归到某一个类型里。名牌服装和恰当合理的穿着打扮没有直接的关联。干净、清爽、整洁，这是基本的要求，也是最重要的要求。干净得体的着装，不但能让自己看起来更舒服，也是对别人的一种尊重。在正常的职场或生活中，人们都不太愿意和一个打扮过于另类的人交往，虽然类似的衣着可以让你吸引更多人的眼球，得到大家的关注。但这样特立独行的打扮，是为了哗众取宠呢，还是说明生活中你就是一个自我、不太愿意照顾别人感受的人？年轻人喜欢追求潮流，崇尚前卫，但凡事应有度，一旦超越了应有的界限，事情也就往糟糕的路上走了。衣着太过轻佻的人，很难让人产生堪大任的感觉。这就是你的气场给其他人留下的印象。

第二，要有自信。自信的人最美丽！自信的人生，是完美的，是值得人羡慕的。只有自信的人，才能有带领大家的气魄和魅力。自信的人，更容易得到别人的信任；自信的人，更容易取得事业上的成功；自信的人，更有人格魅力。其实，每个人都是一座金矿，只有自己相信自己，别人才能相信你。要聚拢人气,就要有让别人向你靠近的理由。自信便是其中很好的理由之一。自信是一种积极正面的心理暗示，它能给人一种感觉：无论遇到什么问题，无论承受多大压力，他都会选择直面问题，并能顺利找到解决问题的办法。人们喜欢跟自信的人在一起，在他们那里，能看到更多的希望，看到生活中更多积极正面的东西，而不是被生活打败。自信的人，往往是乐观的人，能从容面对任何糟糕状况。这种性格是迷人的，这种魅力是难以抵挡的。

第三,有良好的谈吐。说话最能体现一个人的教养。现代社会是文明社会，对一个人的素质、修养尤其看重。在很多场合，我们需要与别人进行更深层次的沟通、交流。不管是朋友的宴会、公司的年会，还是演讲、谈判，一个人的谈吐会将他的修养暴露无遗。试想一下,大家坐在宽敞明亮的会议室里，正在就某个方案进行讨论，你却时不时地从嘴里蹦出一两句脏话，客户听到了，会是什么样的反应？毕竟大家都不太愿意与一个缺乏教养，没有自我约束能力的人交往。这样的合作,很可能会胎死腹中。与人交流,要亲切、真诚,这是基本要求，没人愿意和一个看上去高高在上、眼高手低的人多聊。能给人一种自然、平等、舒适的感觉，这样的谈吐才算成功。和上级说话，不用卑躬屈膝；和下级说话，不要趾高气扬；和客户说话，不必刻意讨好。用最真诚的态度、平等的话语进行交流，这样才是有魅力的，才能给人留下深刻印象。

第四，提升个人气质。气质是一个人由内而外的一种精神面貌，不同的人有不同的气质。人际交往，气质起到了很好的沟通作用。一个气质优雅的人远比一个看上去暴戾凶悍的人更讨人喜欢，更能让人有亲近的感觉。一个人的气质是内在的，很难说得清道得明，但却的的确确存在。一般来讲，气质在很大方面受一个人底蕴的影响。人们的知识构成、成长经历、社会阅历等都会影响到本身的气质。但气质并不是一成不变的，它是不断变化着的一种东西。所谓“腹有诗书气自华”，一个人的精气神，可以通过很多途径得到改变。读书使我们明理，入世让我们成熟。我们经常会有一种感受，某个好朋友几年不见，大不一样了，这就是因为他的气质已经发生了改变。原本那个张扬的年轻小伙子，突然给人的感觉是内敛了很多，懂事了很多，之前不太愿意和他结交的心思，在见过一面之后莫名其妙地消失不见了。一个好的个人气质能激起别人与你交往的欲望，能使你得到无形的支持。

第五，要有活力。没有人喜欢和一个死气沉沉的人有太多交集。问问自己，是喜欢和一个健康的人来往，还是喜欢和一个亚健康的人来往？是喜欢和一个看上去阳光、开朗、活力四射的人来往，还是喜欢和一个萎靡不振、垂头丧气、毫无生机的人来往？答案不言而喻。人们都喜欢和那些更有活力的人待在一起。一个人身上的活力，往往带有一种感染力，他能感染身边的人，让人产生莫名的亲近感，会有高过其人的评价，有更正面、更美好的想象。在单位里，你希望一大早就看见一张神采飞扬的脸，还是希望看见一张颓废无力的脸？这就是人与人之间气场的不同给人带来的不同感觉。气场虽然是内在的，但它通过外在的形式表现出来，让人产生相应的感受。活力四射，激情澎湃，我们都喜欢这样的人，我们愿意相信这样的人有更高的水平，更大的能力，愿意相信他们就是那种一表人才的人物。

“一表人才”，如果有人给你这样的评语，你应该感到欣喜，这句话不但代表着对方的认可，同时也代表着你得到了绝大多数人的认可。你已经开始有了自己的气场，一个吸引人的气场，一个能聚拢人气的气场。

“气场”不是“气势”

如果有人告诉你，你就是世界，世界就是你，你可能会觉得对方是个疯子。但事实上，他是对的。每个人都是一个世界，或者说我们能和这个世界相通，能和整个宇宙相通。我们每个人的心灵都和这个浩瀚无边的宇宙相关联。

物理学告诉人们，这个世界由两种东西构成，一个是物质，一个是能量。每个人也都是如此，由物质和能量构成。我们可以通过心灵，通过我们独有的能量场，和这个宇宙联系，甚至对话。这个能量场，我们称之为气场。这是一个伟大的发现，它是人类伟大意志的一种证明。通过气场，我们能获得无穷无尽的力量，能完成看似无法完成的任务，能克服一个又一个困难，能影响身边的人，能掌控局面，能主宰很多事情。

人体有自己的气场，万事万物都有自己的气场。比如，你搬家到了一个陌生的地方，一开始总是觉得不是很舒服，很别扭，甚至有的人在最开始的时候难以入眠；当你离开原来的单位，到一个陌生的公司上班，第一天的时候，你也会觉得浑身不舒服、不习惯，需要一段时间才能逐渐适应这种改变。

这就是因为气场的缘故。气场，一种虚无缥缈的东西，但它真实存在于每个人的身上，并对周围的人发挥着影响。它有时候仿佛是一种魔力，或者是一种魔咒。有某种气场的人，总是能得到更多人的目光，得到更多人的帮助，得到更多人的赏识、青睐。他们的路比有些人轻松很多，容易很多，人们将之归结为“运气好”。而有的人，付出的并不比任何人少，得到的却不比他们多。对他们来讲，融入大家的圈子是一件很困难的事，让人接受他非常不容易。说不出原因，总有那么一类人，我们不太愿意与之交往。这个，我们也称之为气场。气场不对，完全没有办法和谐地坐在一起。

电影《阿凡达》取得了令人瞩目的成功，这部作品不单画面效果一流，令人震撼，同时也揭示了一个道理，或者说是现象：其实人类和这个世界是一样的，每个人都由两种东西组成，一个是身体，一个是心灵。身体可以看作是一个容器，里面存放的是这个人的精神，也就是心灵。一个人的身体力量是有限的，极限可以挑战，但有些极限就是极限，人类永远无法超越。心灵不一样，它是超越物质的东西，它是能量体。这种能量体可以穿越时空，可以和宇宙万物沟通，可以产生让人无法理解的力量。人们改造这个世界，改变自己的生活，就是因为这种能量在起作用，而不是人们的身体在此过程中起到了多大的作用。

看看身边的朋友，他们都有自己的气场，之所以彼此能走到一起，气场起到了决定性作用。如果彼此的气场是对立的，是格格不入的，那么无论你怎样努力，两个人都不可能坐在一起谈论今天的天气怎么样。

相同气场或者有类似气场的人聚集在一起，他们有说不完的话题，有共同的爱好，在很多问题上能达成一致。他们的性格可能并不相同，甚至大相径庭，却不妨碍彼此成为很好的朋友。气场，当你意识到它的存在的时候，你就可以利用它强大的能量，影响身边的人，影响事情的发展，牢牢地将命运掌握在自己手里。

这就是气场，它是一种能量，一种伟大的能量。我们很容易就能将它和“气势”分别开来。气势是短暂存在的，气场是永久的。一个人可以“气势汹汹”，可以“气势逼人”，这种气势并不会持续很长时间。气势，是人们在一定条件下产生的反应，这是一种短暂的个人行为，每个人都会在一定场合下显出某种气势，但并不总是如此。

气势也可以看作是一种力量，但它和气场不是一回事。气场是一种能量，而不是力量那么简单。气场可以潜移默化地影响身边的人，气势只能在特定的时间影响身边的人。气势可以看作是气场的一种爆发式表现，它依靠气场而存在，因为气场而强大。

一个人的气场，可以决定他将来的境遇，但气势不能。人们通常都会羡慕一些有身份、有地位、当红而且有着迷人的人格魅力的人。他们很强大，他们取得了令人仰望的成就，他们的成功之路让人心动。其实，他们也曾经和多数人一样在痛苦中挣扎，只不过他们最终爬起来了，没有被失败打倒。站起来之后，他们成为“巨人”一样的人物，让人们敬仰。这就是他们的气场。他们的气场决定了他们将来的命运。

他们都是坚强的人，有一颗坚强果敢的心。史玉柱当年倒下，一无所有；麦当劳的创办者已经步入老年人的行列；俞敏洪曾经一穷二白，坦言是“屌丝的底层”；马化腾创办 QQ 也曾多次碰壁。但他们都站起来了，都成为今天让人尊敬、羡慕的成功者。他们身上有一些共同的气场：不断的进取精神、坚强、自信、果敢、独立，等等。就是这样的气场，让他们在追求事业成功的路上走得更加稳健，更加辉煌。

而气势不过是一时的激情表达，像是天边的流星，虽然耀眼，却一闪而逝。气场不同，它是一种无形的影响力，它是我们的气质，是精神，是修养，是一切软性的个人力量的集合体，它能时时刻刻发挥独特的影响。它是游离于人的外在，同时又支撑一个人存在的内在世界。它是一种强大的不间断的力量。

内心强大的人自有光辉

谁是这个世界上最强大的人？答案是内心强大的人。只有内心强大，才是真正的强大，这种强大才能闪烁出强大的光辉，这样的强大才是值得尊敬、值得仰望的强大。当我们的内心无比强大的时候，你会发现，很多问题，都可以克服，很多困难，都可以战胜。这种强大是来源于内心深处最无畏的信念，这种信念支持人们在前进的道路上披荆斩棘，勇往直前。在他们身上，我们能看见强者留下的光辉，灿烂夺目。

如果问你，《西游记》师徒四人中，谁是最厉害的，可能很多人给出的答案是孙悟空，因为每次打妖怪，他都冲在第一线，他有七十二般变化，他有火眼金睛，他有铜头铁骨，他是连天神都感到头疼的问题人物，肯定他最强。但如果这次的取经之路由这个猴子来领导，多半不能成功，因为他虽然很强大，但总能碰上比他还厉害的妖怪。所谓人外有人，山外有山，他的本事还不足以随心所欲，为所欲为。事实上，师徒四人中，最强的是那个整天喊着“悟空，救我”的唐僧。因为他从来不曾放弃过。他有一颗勇敢的心，一颗坚定不移的心。无论碰到什么困难，什么危险，他都不曾有过动摇，不曾因为自己可能的死亡而停下追寻理想的脚步。这就是唐僧，一个外表柔弱，但内心极其强大的僧人，是他在带领着剩余的人，一路赶往西天。最终也是因为他，这次取经之路，才顺利地到了终点。

一旦我们拥有了一颗强大的内心，面对失败，你会坦然接受；面对成功，你会释然看待；面对诱惑，你会警惕地离开；面对威逼，你会冷静地对抗……城池可以攻下，人心却很难攻下，较之冷冰冰的武器，人心更为强大。

任何一个人的内心强大，都是经过风雨打磨后的结果，都是见惯了荣辱得失，尝惯了人情冷暖后的绽放。这是生活对我们的考验，也是它赋予我们的智慧。经历一次次的风霜洗礼，见识一次次的命运沉浮，终于在人生的道路上豁然开朗，知道了人最宝贵的是什么，拿到了通往未来，通往成功最好的一把钥匙。将它紧紧握在手中的时候，从此不再畏惧，不再轻言放弃，不再为一时的成功而洋洋自得，也不再会因为一时的低潮而自暴自弃。

内心强大的人，是坚强的，是勇敢的。他们有一往无前的勇气，也有拿得起放得下的气魄。他们仍然会碰到很多的困难、问题，但他们从来不会因为这些问题而沮丧，不会因为困难而颓废，他们是积极的，任何时候都是乐观的，他们相信解决问题的办法始终比问题要多那么一点点。他们仿佛永远不会被任何困难打垮，永远不会向任何考验低头，他们不再惧怕任何挑战。他们的人生可能写满了失败，但，在失败的背后，你会发现一束耀眼的光芒，正照亮他们整个的人生。不知从何时起，你可能也喜欢上了这样的强者，你开始感受到他们身上散发出的那种强者的光辉，那是一种汇聚了勇气、智慧、阅历、经验等在内的光芒，在这种光芒下面，你得到的是安全感，是信任，是没有理由的信任。

现代社会竞争程度日益激烈，几百人争夺一个工作岗位的情况屡见不鲜。工作没有进展，生活看不到希望，人们在焦虑，在为自己的未来焦虑，想要摆脱这种折磨人的焦虑，但却不知道该如何着手。人们极度缺乏安全感，于是开始疯狂地为自己的生活增添更多的保障，比如，赚更多的钱，结交更多的人，生意做更大一些，职位再提高一些，等等。人们都希望用这种方式来稳固自己的生活，在这种努力中寻求一种安慰。但事实上，真正的无所畏惧来自人们的内心，而不是外界，不在乎赚了多少钱，买了多大的房子，有多么好的人际圈子，而在于拥有一颗强者的心。外界的一切，理论上都有可能随时离开我们，内心的改变，却是从根本上解决了我们的问题。

经常能看见一类人，他们在人前夸夸其谈，张牙舞爪，衣着光鲜，装腔作势，甚至耀武扬威，可一旦见到了比他更厉害的，立刻从刚才的“英雄”变成“狗熊”，低眉顺眼，阿谀谄媚。之前的“强大”气势一扫而空，典型的弱者。他们不是真正的强者，因为他们不知道真的强大是可以超越一切的，是心灵上的一种自由，一种解脱，一种难以言说的澎湃和高昂。在弱者面前扮强大，是无能的表现，因为在更强的人面前，他们是弱者。而内心强大的人不同，他们始终是强大的，无论面对的是谁，无论处在什么样的环境中，他们都有一颗强大的内心，无所畏惧。

内心强大的人，可能是非常随和的，他们不会把自己打扮成生活里的“狮子”“老虎”，相反，他们和普通人没有任何区别，甚至更加随和，更加容易相处，更加平易近人。他们的性格是温和的，他们的语气是轻柔的，他们的动作是平缓的。但他们的心，是坚韧的。当他们输光了一切的时候，他们还有这个世界上最宝贵的东西，就是那颗跳动着的心。

美国历史上的著名总统林肯就是一个内心极为强大的人。9 岁的时候，他的母亲去世了；17 岁的时候，开始干各种农活，并帮别人打零工；22 岁，经商，但失败了；23 岁，竞选州议员，失败；24 岁向朋友借钱经商，失败，为此背上了一大笔债务，偿还了 16 年之久；26 岁，就在他即将步入婚姻殿堂的时候，未婚妻死了；27 岁，他的精神完全崩溃了，为此卧床长达半年；29 岁，他努力争取成为一名州议员的发言人，失败了；31 岁，他想成为被选举人，失败；34 岁，参与国会大选，落选；39 岁，争取国会议员连任，失败；45 岁，竞选参议员，失败；49 岁，再次竞选参议员，失败……51 岁，竞选美国总统，成功！

对照林肯的一生，失败两个字几乎是他逃不过的噩梦。我们的人生当中，有谁的失败频率如此之高？有谁曾经经受过这么多的打击、挫折？面对这些人生难题，林肯并没有退缩，而是用他那颗勇敢而强大的心，在 51 岁的时候，终于走上了人生的顶峰。在之前的日子里，他能依靠的就是自己那颗坚强的内心，能让他从一次次的失败中站起来的，也是那颗勇敢而强大的心。

内心强大的人，他们的人生充满人性的光辉，不需要言语，就有一批人愿意跟随在他们左右，成为他们的朋友，这就是他们的气场。他们的魅力，是那颗强大的内心，给了他们这样的荣耀。

“举手投足”间让人折服

每个人都有自己的气场，它无时不在，无处不在。气场透过人们每一个细微的动作，传达它的影响力。即便举手投足间，也能将一个人的气场完美展现出来。这就是为什么有的人，他的一些习惯性的小动作都会让人兴奋，模仿者无数的原因。

气场对人的影响是潜移默化的，它总是通过一些看上去很细微的东西传递影响力。比如一个人的“肢体语言”。如果稍微留意，你会发现每个人的肢体语言都不尽相同,面对同样的事情,独特的肢体语言表达着独特的个人魅力。有的人肢体动作夸张，大开大合，有的人内敛，肢体动作细微，不留意难以察觉；有的人动作频繁，有的人少有肢体动作。所有这些都在表明一个信号，那就是这个人是独一无二的，是有自己个性，自己特色的。这是气场影响下的个人行为，它就像人的指纹一样，不可复制，没有完全相同的两个人。

有些人，人们对他们敬仰万分，他们举手投足间，让人感受到那种无与伦比的气势和无法阻挡的魅力，让人折服。比如老版《三国演义》中诸葛亮的扮演者唐国强先生，他传神地演绎了集万千智慧于一身的诸葛亮。手中的那把羽扇，经常在镜头前摇动。久而久之，这种动作似乎都给了观众某些暗示，只要扇子停下来了，那就说明“诸葛亮”的脑海中又有了神奇的主意。他摇晃扇子的动作，早已成为电视剧中的经典镜头，只要有他出现，必然会有那把似乎是象征着智慧的扇子。

人际交往过程中，人们能够全面展现自己，从衣着到动作，从语言到做事，每一个细微的动作都在对身边的人产生潜移默化的影响。而气场本身是一种更加宏观的能量，它不能自行组织，不可能按照我们的想法做出应该有的反应。

所以，这就需要我们适时地调整自己的气场，通过调整自己的动作，调整自己的肢体语言来改变这种气场，达到自己想要的效果，从而对别人产生影响。

有些人在面临巨大考验的时候，习惯性地双手抱头，“我该怎么办”，这是他们的无奈；有些人在面临巨大考验的时候，伸开双手，敞开胸膛，“让暴风雨来得更猛烈些吧”，这是他们的宣言。不同的人，面对同样的问题，会给出完全不同的回答，就是这些不同的回答，才体现了一个人气场的强大与否，才体现出一个人的魅力是否能吸引到更多的人。

肢体动作在人际交往过程中必不可少，经常会出现，也经常会用到。这是表达自己内心情感的另一种方式。事实上，这种方式比语言更快，有的时候，它更直接，更真实，给人留下的印象更深刻。积极正面的肢体动作，往往带有很强烈的感染力，比如硬汉紧握拳头的动作，总是能给人以力量、信心。

要聚拢人气，提高自己气场的影响力，就要注意这些看似随便的动作。再大的事情，都从小事情开始，要让自己做一个有吸引力的人，做一个有人气的人，做一个受人拥戴，被人爱护、推崇的人，那就要注意自己平时的一些细节。当这些细节与自己的气场相契合，能准确表达出自己想要的效果时，你便离成功不远了。

这是一个习惯养成的过程，也是一个培养气场的过程。当这个过程完美地结束，你会发现，它已经成为我们生活中的一部分，与自己完全融合。这就好比是电影演员，那些以演喜剧闻名的人，一旦出现在镜头前，我们就忍不住有想笑的冲动，即便他演的不是一部喜剧片，桥段也没有笑点，但还是会有人笑出声，我们习惯了这种喜剧的效果。这是他的气场，他的气场已经形成，哪怕是举手投足，我们都觉得那是一件非常可笑的事情，尽管不一定是。

再比如军人，他们的一言一行都流露出军人的威严和仪式感。这几乎成了他们的标签，通过那种近乎刻板的肢体动作，你能很快判断出他们的身份。举手投足间，他们会不自觉地流露出自己的军人气质来。他们的动作，他们的语言，他们的神情，他们的一点一滴都在表达着同样的信息：他们是积极向上的，努力进取的，不折不挠的，奋发图强的，敢于承担的，等等。这些信息通过气场影响到身边的人。

有时候，我们见到一个人，不用太多了解，就会莫名其妙地对他产生信任感。这便是他的气场在起作用。

有一次面试，人很多。记得当时我还是第一次参与招收新人，因此大多数时候我只是在旁边看，而不是做决定的那个。面试结束，主管告诉了我们他心目中的理想人选。那是一个很不起眼的小伙子，语不惊人貌不压众，在校成绩一般，也没有什么非常值得关注的个人能力，工作经验更是零。为什么会是他呢？

主管给了我们下面的理由：

外面在下雨，面试人员进来后鞋子胶上都带着雨水，这个小伙子也一样，但只有他在进门前用力地跺掉了上面的雨水，这说明他是一个愿意为别人着想的人；进来之后，这个小伙子很自然地给大厅里一个年纪很大的清洁工让座，这说明他是一个有爱心的人；来到我们这里，他立刻拿掉了头上的帽子，这说明他很有教养，懂得尊重别人；通过交流，他的专业课成绩虽然不优秀，但也不差；同时他的衣着非常整洁，指甲也修理得干干净净，让人看起来很舒服。

在主管看来，这些细节比那些学习成绩要好很多。事实证明，他的判断是对的，那是一个很棒的小伙子，工作干得非常出色。当天，是他的气场，征服了我们的主管。

一些小的细节，往往更能反映一个人的品质，更能说明问题。这些不经意的细节中包含着很丰富的信息，在社交过程中起着非常重要的作用。恰当的肢体语言，能起到很好的促进作用，给自己带来更好的人缘，更好的人气凝聚力，增添人格魅力。

开发属于你的“吸引力”

很多人都有过这样的经历，工作一团糟，生活中的问题层出不穷，人际关系僵化，财务状况拮据，自己的生活就像陷入了无底洞一样，暗无天日，看不到一点点光明。甚至你曾经因为陷入这样的困局而想到过自杀。好在，人们的精神还是坚强的。庆幸的是，大多数人都挺过来了。

当生活重新走上正轨，一切都回到正常的秩序，再回过头去看看之前的日子，自己可能都不知道为什么会是那样，当时的自己为什么如此的令人讨厌，自暴自弃，颓废，不思进取，找不到生活的目标，看不见人生的希望，简直认为人生就是一场悲剧，而自己就是这场悲剧的牺牲品。现在看看，似乎有点可笑，可当时就是那么想的。然而，今天的你，可曾想过，为什么这一切发生了变化？你会这么嘲笑当时的自己，这一切归根结底，原因在哪儿？当时的自己到底出了什么问题？

当时处于混乱状态的你，认为你的生活就是这样的，本来就是这样的，人生就应该如此，就是这么灰暗。你失去了对所有事物的吸引力，你不再去关注它们，于是它们再也不会走进你的内心，你的心里充满的都是悲观、失望、暗淡、失败、惆怅，等等。当你这么想的时候，所有那些负面的情绪，负面的信息都一股脑儿地进入了你的思想。因为你对那些东西开始感兴趣了，开始走近它们，所以你对它们有了吸引力，同时，它们对你也有了吸引力。这就是问题的症结所在，同时也是人类思想中的一个伟大的秘密：吸引力规律。

想一想，自己此时此刻想干些什么：想有更多的朋友，更好的房子，更高的收入，更体面的工作，更好的生活状态，更优越的生活水平……那么，当你脑海中在思考它们的时候，这些东西也同时对你有了吸引力。

人们都受着这样一种能量的支配或者说是控制，生活中的东西，我们所遇到的一切，所实现的一切，其实都受这种能量的支配。这种能量就是吸引力。我们会对未来的生活做一个规划，即便它只能是一种希望，但还是在自己的脑海中形成了一幅美好的画卷，也就是一幅平面画。这幅画卷就是自己未来的蓝图，也就是你的吸引力。

而现在所做的一切，都是在为这个蓝图而努力。所有实现了的东西，都是这种吸引力产生的结果。我们希望成为更富有的人，住上大房子，开较好的车子，这些都是脑海中的吸引力吸引过来的。可以说，生活中的所有事情，都和自己的吸引力有关，当然，我们的人脉圈子也不例外。

生活中的很多事情都是我们自己吸引过来的，不管我们的脑海中在思考什么，都会将它吸引过来。如果不是很理解“吸引力”这个规律，不妨将自己想象成一个磁铁，要知道磁铁只会吸引铁质物品，所以吸引力的核心就是只有相似的才能互相吸引。也就是所谓的“同性相吸”。你希望成为什么样的人，当你反复不断地重复这一思想的时候，不知不觉中你就会变成那样的人，因为你的吸引力已经将那样的“人”的特质加在了你身上。我们心中想要的很多东西最终的确都实现了，无论是工作方面，还是生活方面，都有了一个还算不错的交代，尽管因人而异。这也是吸引力的作用。

如果你想得到更多朋友的关注，得到更高的人气，得到更广泛的交友圈子，那就要让自己有这种吸引力，人脉吸引力。一个独一无二的吸引力，会让你身边围绕众多的朋友。

想象一下当年的自己为什么悲观厌世，不愿意与人相处，为什么得不到别人的友谊，为什么不被大多数人接受，其中一个很重要的原因，就是你身上没有让他们走近的吸引力。什么样的人容易交到更多的朋友？答案还是有吸引力的人。

人们总是对自己感兴趣的才会抱有走近的欲望。这就像弹琴，如果你一点都不喜欢弹琴，对你而言，坐在钢琴前面无异于自杀。但如果你非常喜爱钢琴，钢琴对你而言就是心灵上最好的伙伴，每天弹上几个小时也不觉得有什么问题，而且精神愉悦。人也是如此。

有的人因为相貌过人而备受关注，有的人因为天赋过人而成为耀眼的明星，有的人因为坐拥巨额财富而成为大家羡慕的对象，有的人因为道德高尚被奉为社会典型，有的人因为意志力过硬而成为世人的楷模。这些人都有自己的吸引力，他们都有一批忠实的追随者，一批喜爱他们，愿意相信他们的人。在世人面前，他们是独特的，备受瞩目。在自己的朋友圈子里，他们是受人欢迎的。而你的吸引力是什么呢？用什么样的方式吸引别人成为你的朋友呢？

开发自己的吸引力，让自己看起来独一无二，这是最好的人际交往的前提。如果没有一个英俊的外表，就试着让自己看起来更有气质，如果没有气质，就让自己多微笑。这是打造吸引力的基础方式。你需要思考这样一个问题：人们更愿意和什么样的人来往？

是碌碌无为，不思进取的人，还是锐意进取，奋发图强的人？

是死气沉沉，毫无斗志的人，还是朝气蓬勃，斗志昂扬的人？

是满嘴胡说，招摇撞骗的人，还是诚实守信，说一不二的人？

……

这些都是人们在交往过程中对自己面前的人最为关注的方面，是他们最关心的问题。一个以诚信闻名的人，他的身边肯定少不了诚信的伙伴；一个奋发图强的人，他的身边也一定聚集着一批有志于事业成功的精英人士；一个朝气蓬勃的人，他的身边也必然会有一批类似的活力四射的人。吸引力在人际交往过程中发挥着它几乎魔力般的影响，每个人都会受到它的影响，谁都不能例外。

所以，聚拢人气的好办法，就是让自己具有这种近乎魔力的吸引力，最好是有点个人特色的吸引力。

从容不迫——王者之气

什么样的人才是最有魅力的人？答案很多，但有一点是能让所有人都为之疯狂的品质，那就是从容不迫。泰山崩于前而色不变，无故加之而不怒，卒然临之而不惊，这是一份淡定的潇洒从容，有运筹于帷幄之中，决胜于千里之外的气度。这是王者临天下的雍容，面对一切困难，波澜不惊，镇定自若。

著名电影《泰坦尼克号》中，轮船将要沉入海底的时候，很多人都在忙着逃生，甚至有年轻力壮的男士挤占了老人、妇女、孩子的救生船座位，要的就是能活着。而面对这种生死场面，一些英国老人很镇定。他们夫妻相随，携手坐下来，在轮船还没有沉入海底的时候，从容淡定地面对将要来临的死亡。这一幕给很多人留下了深刻印象，他们的光辉也在那一刻耀眼夺目。

这就是从容不迫，是天然的王者之气，面对再大的困境，再大的灾难，始终保持心灵的平静，淡然面对加诸在自己身上的一切负面影响，甚至包括失去生命。

有一个故事说，一个老人带着他的仆人和朋友到郊外饮酒，刚出来的时候天气很好，天朗气清，阳光明媚。大家都说今天肯定是个好天气。

但酒刚喝到一半，天气突然转变，远处的天空开始乌云密布，雷声隆隆，闪电不时地释放出刺目的光芒。老人的朋友和仆人非常着急，眼看就要下雨了，这个时候还喝什么酒啊，赶快躲雨才是正事。所以仆人就催促老人说：“老爷，我们赶快回去吧，天就要下雨了。”他的朋友也说：“要不我们改天再喝吧，今天天气不好。”

老人微微一笑：“怕什么，不就是下雨嘛，又不是没见过，下场雨还不至于打扰我们喝酒，来，我们继续。”

这场酒继续喝着。时间不长，果然下起了瓢泼大雨，仆人和朋友再次劝说那老人尽快回家，好躲过这场雨。今天实在不是喝酒的好日子。老人并不接受，只是笑呵呵地喝自己的酒。这场雨来得快，去得也快，很快就过去了，不大会儿工夫，天光放晴，太阳再次露出了笑脸。这时朋友和仆人又说了，天晴了，我们回去吧，看，多好的天气。

老人说道：“我们是来喝酒的，管它天气好坏呢，我们还是喝酒吧。”他对面的朋友顿时竖起了大拇指：“都听人说你是个处变不惊的人，今天算是见识到了！”

《泰坦尼克号》中人们遇到的生死危机，在现实生活中其实很少有机会能碰到。多数的困难，看上去的危局，其实和那个故事中饮酒的人面临的相似。看上去很严重的问题，我们仔细想想，并没有那么可怕。多数时候，是我们故意夸大了问题，当问题、危局一旦面临的时候，人们便不自觉地拿起放大镜来观察它，而对于自己的优势，自己的能力，则下意识地无限缩小。所以，当人们面对困难的时候，总是显得有点不知所措，无所适从。

当我们还很小的时候，家长的责备，老师的责备，都是天大的灾难，一次考不好，甚至都有可能战战兢兢，提心吊胆。大一些的时候，该考大学了，万一学校不是自己理想中那样，很多人顿时觉得自己的人生立刻陷入了万劫不复的深渊，仿佛从此他们的生活便再也看不到阳光了。现在想想，人生的道路何其漫长，要面临的问题何其众多，那些问题，回过头看看又算得了什么呢？

但事实上，我们今天面临的很多问题，就真的有那么大吗？为什么不从容一些呢？工作待遇不好，可以努力，被炒鱿鱼，也不是多大的问题。这个世界上被炒鱿鱼的人，每天不知道有多少，难道他们的生活会因为暂时失去工作而中断吗？这次的失去说不定意味着更好的机遇在等待着你，更大的舞台在等你施展。

抱怨，无休止的抱怨，怨天尤人，这是很多人面对问题的第一反应。人们开始埋怨，开始愤恨，开始发脾气，一次次地发脾气，发牢骚，只能用这种方式发泄心中的不满。但这对于解决问题一点帮助都没有，反而让人觉得不可理喻。朋友开始离你而去，更好的机会开始从你身边溜掉。孤独感一天天加深。这是我们想要的生活吗？

我想肯定不是。

从容一些，淡定地面对生活里的所有不公。当我们无力改变现实的时候，最好的方式就是坦然面对它。听任庭前花开花落，坐看天外云卷云舒。镇定自若地面对命运加诸给我们的种种坎坷，这是一种历练，更是一种成长。当你看惯了多种不公，经历了多重灾难之后，你将得到生活给你的最大馈赠：平静的王者之气。

就像你不再会因为一次考试没考好而忐忑不安一样，当你学会了从容，学会了平静，你便真正懂得了生活，懂得了人们真正喜欢什么样的人，懂得了他们为什么愿意和那些拥有更多人生经验的人来往，懂得了为什么他们愿意和那些看上去一团和气的人做朋友。因为那些人身上都有着同一种气质，王者之气。

影视剧中，经常会出现这样的镜头：一个贤明的皇帝被叛军或是对头围住，生命危在旦夕，他却丝毫不乱，神色从容，镇定自若，仿佛眼前的一切与他没有任何关系。这种表现让对手恨得咬牙切齿，这不是他们想看见的，他们想看见的是君王跪地求饶的样子。只有这样才能满足他们内心的欲望，一个弱者的欲望。但他们永远都无法看到，因为对方才是真正的王者。

经常和成功的人交往，你能学会平静，学会从容不迫，学会于用平和的心态坦然面对一切问题。这也是为什么那么多人愿意和成功人士交流的原因。如果你具有了这种从容不迫的气质，那么，未来的道路上，你将永远不会孤独，因为有很多人愿意和你走在一起。

在不断的自我审视中完成自我塑造

让我们成长的不是温馨的祝福，而是无情的鞭策；让我们成熟的不是团聚的喜悦，而是分离的忧伤；让我们坚强的不是成功的喜悦，而是失败的创伤。每个人的人生道路都不尽相同，但我们成长、成熟的经历却如此类似。只有经历过坎坷的人，才知道用什么能换来自己想要的辉煌。

因为，一次次的跌倒，让我们学会了反思。

每个人心中都有一个标准，这个标准是衡量自己用的。学习，工作，生活，自己要达到一个什么样的高度，要实现什么样的理想，要过上什么样的生活，每个人都有自己的规划，也都在为这个规划而努力。至少在努力的路上。但现实往往和我们预想的有很大差距，它并不如我们想象中那么美好，事实上，它有点残酷。于是我们开始学会思考，开始认识自己的不足，开始放弃幼稚的想法，开始从具体问题上找到具体的解决办法，而不再是从书本上寻找答案。这是成长。

每一次的成长都是对自我的一次塑造，每一次塑造都让我们更加喜爱这个接近完美的自己，同时越来越多的人也开始喜欢上这样的我们。

这个思考的过程，我们称之为自我审视。

曾子说“吾日三省吾身”，讲的就是人需要在不断的总结、审视中完善自身，提高自己的修养，提升自己的能力，达到“君子”的标准。现代社会，我们不但不能放弃对自身的审视，相反，我们更需要有这样的审视自己的时间，更需要有这样的机会完全面对自己的心灵，和自己的心灵对话。让自己从生活中的一点一滴开始慢慢审视，回想，总结，然后纠正。

人们总是在犯错误，然后改正，再犯错误，再改正。这是一个永远无法改变的现实，也就是那些错误，让我们学会了很多东西，比如知识，比如技术，比如为人处世的技巧等。然而这些经验，并不是所有人都会得到。生活中，在同一个问题上犯错误的人，大有人在，错误本身不能教会我们任何事，而是我们自己的反思在起作用。一个不懂得审视自己,不懂得反思自己的人，很难进步。所以，能取得进步的人，永远都是少数。

这就像现实生活中，绝大部分企业家身上有很多值得我们学习的东西，比如对待财富的态度，比如获得财富的技巧，比如实现事业成功的坚强心态，比如在追求成功路上表现出来的令人钦佩的勇气和韧性，再比如他们不断学习如何为人处世的能力等。这些都是活生生的例子。但从他们身上真正学习东西的人并不占多数，羡慕他们拥有巨额财富的才是主流。

如果你想成为什么样的人，就要向那类人学习。如果你想要获得财富，那就要跟那些拥有财富的人学习。学习的过程，就是不断审视自我的过程，因为人都是不完美的。我们总是会有这样那样的缺陷，比如好逸恶劳，比如讨厌压力，比如安于现状，比如不思进取，等等。这些问题可能并不完全在某一个人的身上体现，但依稀总能找到一些影子。如果我们不去审视自己，就永远没有办法找到，如果我们不去向值得学习的人借鉴，那将永远不知道自己该往哪里走。

一个完美的人格，需要在实践中不断磨砺，就像珍珠，它需要经过漫长的等待、磨砺，之后才能成为光华闪闪、价值不菲的珍珠，不然，它不过是蚌壳的唾液而已。人便是如此。人的性格需要打磨，人的能力需要学习，人的意志需要锻炼，人的经验需要总结。这一切都需要我们不停地进行自我审视，每一次的审视，都是对自己的一次塑造，一次升华，一次提高。这样的机会，我们都应该珍惜，因为只有自己，才能让自己变得更加强大，外因永远不能成为我们的原动力。

每个人都是一面镜子，从他们身上，我们可以看到自己的缺点。从勇者的身上，我们可以看到自己的懦弱；从智者的身上，我们可以看到自己的愚蠢；从沉默者的身上，我们可以看到自己的多言；从理智者的身上，我们可以看到自己的冲动；从坚毅者的身上，我们可以看到自己的软弱……他们每个人都是我们的老师，每个人身上都散发着人性光辉的一面，我们要做的就是从中选取对自己有用的东西，为我所用。孔子说，三人行，必有我师。就是教导人们，不要总看见自己的长处，而忽略了身边人的优点。如果我们能冷静看待别人的长处、优点，在安静的夜里，经常进行自我审视，那么我相信，无论是谁，都会发现其实自己身上有很多的不足。

想一想，你是否曾经对自己的朋友大喊大叫，而他们却包容了你？你是否曾经答应过为朋友办好某件事，却因为一点小事耽误了？你是否因为出风头，而伤害了朋友的面子？可能每个人都曾经犯过类似的错误，而我们的朋友，却选择了理解和包容。

然而，这样并不能掩盖自己的过失，如果放任下去，还有多少人愿意包容自己？而我们还有多少这样的机会可供浪费呢？

审视自己，是一个长期课题，是每个人毕生都要做的一件事，而且必须做好，因为只有这样，我们才能养成一个良好的习惯，才能形成一个健全的人格，才能有资格站在朋友圈子里，对他们说——我，是你们的朋友。

第七章

知心达礼，合作友谊恒久不变

事实上，亲情圈子值得你去付出，因为它不但不容易被破坏，而且更容易被修复。它是一个能圆能转的圈子，是一个完全可以建立良性循环的圈子。

人活一世"亲"最真

每年的春节联欢晚会都会出现一些脍炙人口的歌谣，其中一首《常回家看看》唱红了大江南北。曾经有一段时间，举国上下的大街小巷甚至都在传唱着这首感人的歌曲。

这首歌唱出了在外游子的心声，唱出了离别家人、漂泊无依者的心声。一首简单的歌曲，得到了所有身处异乡者的共鸣。人人都有一个家，家中都有守望着自己的父母，还可能有关注着自己的兄弟姐妹，还可能有更多的亲戚。他们都在关心自己。在团聚的时候，作为中国人，都希望能吃上一口热乎乎的团圆饭，能和家人一起过一个和和美美的年，这就是中国人，这也才是中国人。我们注重亲情，因为亲情无价，因为亲情最真。

现在，企业招收员工越来越关注新员工的道德问题，能力固然很重要，但亲情才是最值得我们珍惜的一种感情。这种感情超越一切，是世上最纯真的感情，它没有任何瑕疵，它是亲人最本真的关怀，最无私的付出。这是人间最美好的一种东西，也是最干净的一块土壤。

去年过完年回到单位，我发现单位的一个年轻人工作明显比去年认真多了，也勤奋多了，整个人的精神面貌发生了很大变化，像变了个人似的。不单是我，单位里很多人都有这样的感受。我很奇怪，不知道是什么让这个之前不着三不着四的小伙子发生了这么大的改变。如果他之前没有女朋友，我可能认为他是因为找到了爱情，所以才会如此奋发向上，人不都说爱情的力量是伟大的吗？但事实上，他的女朋友我们都见过，时不时来单位“查岗”。

第一季度，他被评为优秀员工，第二季度依然是他。我觉得有必要和他聊聊了，我这个领导的干劲好像都被他比下去了。

“你为什么会有这么大的变化？是要买房子结婚了吗？”这是我唯一能想到的原因。

“不是的，经理。其实很简单。”小伙子一脸幸福地给我说起了他变化的原因。去年他回家过年，家里下了很大的雪。因为家里的经济条件不是那么好，没有取暖的设备，屋里很冷。腊月二十八的晚上，他喝多了，睡得早，半夜渴了，起来找水喝，自己屋里没有水，于是就到他父母的屋子里去找。

当时已经深夜十二点多了。来到屋里，他发现自己的母亲竟然还没有睡觉，父亲也在床上躺着，并没有入睡。他很好奇，就问你们怎么还不睡觉啊。他母亲对他说：“没想到今年的雪下这么大，天这么冷，娘趁着晚上没事，给你织个手套，省得冻着。”小伙子发现，深夜里，他母亲的手其实已经快冻僵了，但苍老的眼睛里却洋溢着平淡的温馨。

小伙子一下子僵硬在那里，不知道该说点什么好。

“您知道吗，经理，这半年来我发现其实可以存下钱的，我现在不是月光族了，而且这两个季度我是公司的优秀员工，加上我存下的钱，还有奖金，我前几天刚给我妈买了个空调，这在我们村里还是第一家呢。现在夏天到了，我妈一直舍不得扔掉那个破电扇，现在有了这个空调，我就不用担心她老人家夜里热得睡不着了，也不用担心父母在冬天冻着了。”

听完他兴奋的讲述，不知道为什么，我竟然有点哽咽了。小伙子走后，我在想，是不是该回家看看了？

这就是亲情的力量，它可以改变一个吊儿郎当的小伙子，可以让他的生活发生翻天覆地的变化，可以让一个甘于碌碌无为的年轻人成为公司里数一数二的优秀员工。我在想，难道真的就只有爱情的力量才是伟大的吗？不，亲情的力量远比爱情来得伟大，只是你我可能将其忽略了。

有一种爱，迟了，就再也没有办法重头来过；有一种情，晚了，就再也没有办法去追溯。它便是亲情。所谓树欲静而风不止，子欲孝而亲不在，这是人间最大的悲哀，也是人生最大的遗憾。没有什么比亲情更能让人感动，也没有什么比亲情更让人留恋。

亲情是一种依靠，是一种没有任何理由的依靠，如果你是一艘航行在大海里的船，那亲情便是指引你方向的灯塔；如果你是一片绿叶，那亲情便是滋养你的雨水；如果你是一颗种子，那亲情便是培育你成为参天大树的肥沃土壤。亲情在我们最无助的时候给予力量，在我们最彷徨的时候给予方向，在我们最孤独的时候，给予温暖。亲情，只有它，才是人生最宝贵的财富，只有它，才是人生最值得信赖的托付。

曾经看过一个公益广告，讲的是亲情，是母亲对儿子的无微不至的关怀的生活片段。其中一个镜头是：冬天，儿子在外面玩耍够了，回到家里，母亲正在厨房做饭。儿子小手通红，来到母亲面前看她做了什么好吃的。母亲看到儿子的手，立刻解开围裙，并解开自己的衣服，将儿子的小手放进自己的怀里取暖。

我认为那不过是一个广告，仅此而已。然而几年后，我在现实生活中看到了活生生的一幕，几乎与广告里的情景一模一样，它就那么真实地发生在我的眼皮底下。当时我被深深震撼了，虽然看上去它不过是一件小得不能再小的事情。我走上前，问那个母亲，你为什么不把自己的儿子叫进屋里，让他在炉子上取暖呢？

母亲的回应是：一脸迷茫地看着我。

我知道答案了。她不知道该怎么回答我的问题，这才是真正的母爱。因为当时她看见自己的儿子手冻得通红，下意识告诉她要尽快给儿子取暖，至于用什么方法——她用的是最快的方法，那就是自己的体温。

如果这世上只剩下一种感情值得我们期待，我想，那便是亲情了。

礼仪周全，亲戚开颜

中国是礼仪之邦，礼仪在中国有着悠久的历史。没有规矩，不成方圆，礼仪也是规矩的一种。礼仪教育在我们很小的时候就开始了，比如，父母会告诉我们如何称呼身边的亲戚，是叫他叔叔，还是表叔，这是门学问。

举个生活中最常见的例子。每个人家中都会有亲戚来访，这是很常见的生活场景。不管是七大姑还是八大姨，来了之后彼此的嘘寒问暖必不可少。此时你放学回来，看到家里有亲人在场，白眼一翻，跑到电视机跟前，打开电视机，连声招呼都不打，看看结果是什么样？

家里人立刻就会有反应，父母马上就会让你好看。这种举动，不但会让亲戚觉得你是个没有礼貌的孩子，他更多的是在思考你为什么会有这样的举动，是不是你家里的人本来就不欢迎他？——你可能是受了父母的影响，才会有这样的反应。但事实可能是你今天的心情很糟糕，或者根本就不懂这种亲戚间的礼仪知识。如果是后一种，亲戚也会想你的父母在教育孩子的问题上太缺乏能力，所以才会有你这样的没有教养的子女。

是的，就是教养。亲戚间的礼仪，对于孩子而言，体现的就是他的教养。反之，如果你冲进屋里，看见家里来客人了，立刻乖巧地喊一声“×××好”，到访的亲戚立刻会眉开眼笑地夸你懂事，是个好孩子。这就是礼仪的作用，它不是一种表面做作的姿态，而是人与人之间必要的润滑剂。礼仪可以让彼此的关系更加和谐，让原本亲密的亲戚关系更加紧密。

周全的礼仪有一套固定的模式，我们经常会受到类似的培训，最开始是从父母那里学习，在父母那里实践，然后随着年龄的增长，我们开始面对各种各样的亲戚关系。

亲戚亲戚，不走便不亲了。亲戚之间常走动走动，这是应该保持的一种传统。如果不走动，那有你这个亲戚，和没有你这个亲戚，也就没有差别了。当然，这个走动，自然不是经常登门拜访。所谓“田园日日去，亲戚淡淡走”，是说亲戚之间，不要走动得太过频繁，不然即便是亲戚，这层关系也很难维持得很好，距离产生美就是这个意思。

亲戚有事要到场。这是必要的礼仪，也是非常重要的礼仪。中国人最讲究也最在意的有两件事：一个是喜事，一个是丧事，两件事俗称红白喜事。这两件事无论哪家亲戚发生了，没有特殊原因一般都要到场。喜事是热闹的场合，人越多，越热闹，越喜庆，来了就是增添喜气。祝贺新人是必要的礼节，别说亲戚，就是关系较好的朋友一般也会到场，这是少不了的。同时礼金也要准备好，这是心意的说明。如果喜事没法去，丧事一般不能不去，这是凭吊，是对死者的尊敬，也是对亲戚的一种交代。

无私无悔无求，“情圈子”能圆又能转

最无私的感情，是亲情；最无悔的感情，也是亲情；最无求的感情，还

是亲情。

其实，很多亲戚都在真心地关心着我们，而不是计较从我们这里得到任何“好处”，也没有因为曾经的帮助而后悔，或者要求我们给予等值的帮助。这便是亲情的可贵之处。

亲人圈子和其他的圈子也是一样的，也是人与人之间的圈子，也是人际交往的一种类型，也需要我们去呵护，去珍惜，用心去经营。它像一朵更加洁白、更加芬芳的花朵，如果想让这朵花开得更加明艳、更加动人，想让它保持更长的时间，我们就需要花更多的心思，献上自己的真感情，浇灌它，爱护它。因为这个圈子里的每个人都只有一个，无法复制，无法再生，无法选择，我们能做的就是尽量保护好它，不让它受到任何伤害。尽管最初维系这个圈子靠的是血脉亲情，但再牢固的关系，如果我们不去用心经营，它总有被风雨侵蚀的一天。一次两次的伤害可能并不足以毁坏这样的圈子，因为它比任何圈子都牢固，但它也经不起多次的无情敲打。

事实上，亲情圈子值得你去付出，因为它不但不容易被破坏，而且更容易被修复。它是一个能圆能转的圈子,是一个完全可以建立良性循环的圈子。而事实上，在我国，亲情圈子如果处理得当，它将是我们人生前进的最直接，也是最大的助力。因为在我们有困难的时候，亲人总是第一个站在我们的身边，他们总是第一批给我们提供帮助的人，也是第一批选择相信我们，支持我们的人。他们是我们人生道路上最坚定的支持者，最有力的后援团。

亲情圈子，是我们人生中第一个也是最重要的一个人际圈子，善用亲情圈子，处理好这个圈子的关系，能给我们的事业起飞增添很重要的筹码。很多人在事业发展过程中的第一个支持者，是自己的父母，或者是自己的亲人。这个时候，我们的人脉圈子还不是很大，交友范围还不是很广，圈子的质量还不是很高，要得到强有力的帮助，要得到有力的支撑，忠实的后援，只有他们。无论是人生的第一笔资金，还是人生中的第一次决定，仔细想想，可能都或多或少和身边的亲人有剪不断理还乱的关系。他们给了我们必要的资金支持，给我们提供无私的建议，帮我们打开事业发展的最初通道。在我们一筹莫展的时候，亲人才是最坚强的后援，因为他们的帮助、他们的关心爱护是不计后果的，是无私的。

当我们第一次的事业失败了，他们不会斤斤计较，反而好言安慰。他们不会一心盯着损失，也不会提出任何让我们为难的要求，因为这种关系是特殊的。

亲情圈子是一个良性的圈子，就像鱼和水的关系，鱼给了水活力，水给了鱼生命。它们相互依存，相互需要，相互体贴。你帮我，我帮你，大家在温馨的氛围中一起向前，一起进步，一起创造更加美好的生活。

所以，这是一个圆转得当的关系，是一个值得珍惜的关系，更是一个无法替代的关系。

亲情圈子，不是我国特有的东西，但在我国表现得尤为明显，父母不会因为我们已经成年就不管不顾，兄弟姐妹也不会因为我们欠了他们多少钱而和我们翻脸，经常上门讨债。这就是中国式的亲情，也是中国式的亲情圈子。

我曾经出差到一个非常小的小镇，那是一个明显不很发达的小镇，没有一点现代城市的感觉，就是一个普通得不能再普通的小镇，但这个小镇上却有一个某知名品牌挖掘机的直销点。这个级别的直销点，在很多二线城市都不一定有。我当时很奇怪，为什么在这样一个小镇出现了这个牌子挖掘机的直销点。而且，我知道这个直销点的主要客户对象是这个小镇上的某个村子。

经过了解，我才知道，小镇不远处在开发，是矿山，挖矿，修路，热热闹闹，一片繁忙。小镇远不富裕，但自从矿上开始挖掘后，人们找到了新的营生，那就是购买挖掘机，进行与采矿相关的一系列工作。但一台挖掘机动辄上百万，一般的家庭根本就承担不了，虽说可以贷款，但小镇上的人用什么担保呢？

不过还是有人能买得起的，在利益的驱使下，那个村子里有个别富有的家庭贷款买了第一台挖掘机，时间不长，收入便非常可观。很快，不但挖掘机的本钱回来了，而且还赚了，这让愁于生计的人们看到了一线希望。第一个吃螃蟹的人成为大家羡慕的对象。于是那个人的亲戚向他筹钱，也要购置一台挖掘机，那人答应了，不但给了钱，还给他作保。

第二个人有了挖掘机，接着是第三个，第四个，就这样，你帮我，我帮你，第五台，第六台……第十台，第二十台，等我去的时候，整个村子已经有了不下一百台挖掘机，很多年轻的小伙子都是挖掘机手，在忙碌地工作着。这个挖掘机品牌光在这个村子一年的销量就有近亿元，难怪能在这样一个小镇设一个直销点。

那一次，我见证了亲情圈子的力量。

你娶的是她整个家庭和社会资源

婚姻是两个人的事情，很多人在最开始的时候都会这样认为，甚至固执地认为只是两个人的事情，但在结婚之后双方都发现了一个问题，婚姻其实是两个人家族的事情——它还不仅仅是两个家庭的事情。

结婚，就意味着接受了这个人。从你把她娶进家门的那一刻起，她的生活便与你的生活紧紧联系在了一起。随之而来的就是，她的家庭也与你的生活紧紧联系在了一起，还有她的亲戚，因为她的亲戚在你们结婚后也变成了你的亲戚，她的亲情圈子也变成了你的亲情圈子。所以，她的一切社会资源，比如家庭，比如家族，等等，都变成了你的资源。

单位的一名员工结婚后不久就开始在单位抱怨。因为他和老婆结婚不到一年，丈母娘就来了，其实丈母娘是来帮他带小孩的。按理说他应该开心。事实上一开始他非常开心，因为老婆可以上班了，他的经济压力减轻了很多。但很快，他发现自己的生活和丈母娘的生活简直格格不入，彼此的价值观完全不同。他认为隔夜的饭菜要倒掉，如果再吃是不健康的，但丈母娘就认为那是浪费，浪费是可耻的。再比如，自从丈母娘开始掌管家里的伙食后，他就很少吃到肉了。因为丈母娘说了，年轻的时候就要多吃点苦，这样才会知道好日子来之不易，再说，总是吃肉，什么时候才能把房贷还完。

但就在我们开他玩笑后不久，就很少再听到他的抱怨了。他老婆和他都在同一个城市，他是做业务的。自从丈母娘住进他家后，丈母娘就开始为他的工作上心了。丈母娘调动了一切能调动的资源支持自己的女婿，很快，小伙子的业绩不断往上蹿，一个季度下来，他成了单位的业务标兵，提成超过他过去一年的总和。

两个家庭的社会资源放在一起，很快成就了这个小伙子，一年之后就升任了业务副经理。从那以后，每次见到，他都是乐呵呵的，再也听不到他对自己丈母娘的唠叨了。

生活中类似的情况非常多，双方结婚，等于是两个家庭的社会资源供你使用。因为你的妻子在与你结婚前，她也有自己的家庭，她的家庭也有自己的人脉关系，她们也有自己的社会资源，这一切就因为你把她娶回家都变成了你的。经常听人说一句话，一个成功的男人背后总是有一个默默支持他的女人，其实这个女人的支持，也有相当一部分来源于她背后的家庭和她之前那个家庭的一切社会资源。

现代社会，很多家庭都是独生子女，一家只有一个孩子。一旦双方结合，就等于是两个家庭，两个家庭共有的社会资源在资助你。一旦得到这样的支持，很多人的事业便开始真正起步。

中国有句老话叫成家立业。所谓成家就是结婚，先组建自己的家庭，这其实也暗含了一定的社会意义，即人脉关系的使用问题。一个篱笆三个桩，一个好汉三个帮，再有能力的人，也离不开别人的帮助。越多人来帮你自然越好，没有人会嫌来帮自己的人多。

把一个女人娶回家，就是将她整个家庭，以及和她的家庭相关的社会资源完完整整地娶进了你的家门。那些资源能被她使用，就能被你使用。这就是为什么有些肥皂剧中经常会出现一些男人丢弃自己心爱的女人，娶了一个自己不爱，但却家世显赫的女人的原因。当然，每当出现这种剧情，这个男人的结局一般不会多好。因为这是不道德的，应该受到鞭挞和指责，但这也说明了一个问题，那就是一个女人的背后，也有她的能量，也有她的资源，这些资源你将不费吹灰之力地得到。

电视剧《乔家大院》在这个问题上做了最好的阐释和说明。电视剧一开始展现的是主人公乔致庸和他青梅竹马的恋人江雪瑛在一起谈恋爱的情节。但适逢乔家遭难，须有实力的人帮助渡过难关，江雪瑛家无钱，没有实力帮助深陷困境的乔家，而女主人公陆玉菡家却资本雄厚，可帮乔家度过一劫。乔致庸无奈之下只能答应迎娶陆家小姐陆玉菡。成亲之后，陆家老爷便给了乔致庸很大一笔银两，解决生意上的危机。后来乔致庸开办票号，同行刁难，也是陆家老爷出面解围，才让他度过危机，票号生意得以继续。再后来，乔致庸遇难，陆家老爷变卖家产，救出了乔致庸。可以说，乔致庸的发家和后来的生意壮大，和陆家的帮衬有直接关系，如果不是陆家帮忙，乔致庸一家可能和他当时所在村子的村民相差无几，甚至还不如他们。

当然，讲这个故事不是为了说明为求成功，就要将身世显赫的女性娶回家。事实上，陆玉菡和乔致庸之间也的确存在爱情，电视剧中这一点强调得也很多。电视剧在这个问题上说明了一点，那就是娶回一个姑娘，你就娶回了她的家庭，她家庭的一切，包括人脉关系、社会关系等。

别让我的眼泪过夜

在你的亲人需要安慰的时候，不要让他们等太久；在你的亲人需要鼓励的时候，不要让他们等太久；在你的亲人需要支援的时候，不要让他们等太久；在你的亲人需要温暖的时候，不要让他们等太久……不要让亲人的眼泪过夜，我们要用最快的速度，在第一时间陪伴在他们身旁，做他们最坚强的臂膀，给他们的最热情的安慰，最衷心的祝福，最温暖的拥抱。

很多女性都在抱怨同一个问题，结婚以后，老公对自己的关心好像不如以前那样及时了。谈恋爱的时候，只要自己稍微有些不对劲，或者是有些小问题，男朋友立刻大呼小叫，当做天下最大的事情来做，恨不得将所有的能耐都使出来。她们不开心了，男朋友立刻飞奔着来到身边，想尽各种办法让她们心情好起来。即便是小小的感冒，他们都会在第一时间陪她们去看病，催促她们吃药，而且小心翼翼地陪伴着，精心地呵护着。但结婚以后，哪怕是发高烧了，老公知道了，就一句话，自己去医院看病吧，我很忙。很多女性为此伤透了心，不止一次暗暗掉眼泪，觉得男人都不可靠，结婚前一套，结婚后一套，表里不一，一旦得手，就不是那么回事了。

其实，女性朋友是误解男性了，起码误解了大多数的男性。

理由其实很简单，他并不是不爱你了，也不是不关心你了，而是他认为彼此已经成为一家人了，所以就不用再像以前那样呵护备至了，所以在很多时候，他们就忽略了你的感受，忽略了一些细微的事情，因为他觉得这一切都是理所当然的。只要自己踏实工作，努力赚钱，给你、给家庭提供一个更好的生活环境就可以了。再加上男性朋友与生俱来的粗心大意，在有些小问题上的表现就不如婚前那么体贴了。

这其实也是人们经常步入的一个误区：忽略身边最亲的人。

无论是面对朋友、同事，还是客户，人们都会表现得很有礼貌，客户哪怕是细微的一个动作，都逃不过我们的眼睛，领导的一个动作中表达了什么意思，我们都能心领神会。在处理这些关系的时候，只要稍微有些经验，都可以很老到地左右逢源，滴水不漏。每件事情都能做到尽善尽美，工作上也是尽职尽责。可一旦回到家里，立刻像变了个人似的，对于家人的一些反常举动，一些心理上的变化，一些问题的征兆，虽然看在眼中，却无动于衷，不置一词。不是没有看到，也不是不关心他们，而是本能地不想多做，认为一家人没有必要那样，伤心了他们自己可以过去，委屈了他们自己可以排解，有不正常的反应了，他们自己也能解决。相反如果碰到亲人，尤其是家人出现某些问题的时候，反倒经常大呼小叫，不依不饶。如果这些问题出现在同事身上，或者是朋友身上，我相信处理的方式肯定轻柔很多，也理智很多，但唯独对家里人却总是显得斤斤计较。

无视家人的变化，无视他们的感受，用一种简单粗暴的方式解决问题。因为总觉得这些都是小事，而且都是一家人不用那么“客气”，即便自己的方式有什么不妥，他们也不会责怪自己，更不会记恨自己，所以就不是那么在意。他们相信，真要有什么大事发生，自己肯定会冲在第一线的。

但问题是，生活总是平淡的，对绝大多数人来讲，生活就是柴米油盐，家长里短。哪里来的所谓大事呢？这种概率非常小，反倒是琐碎的细节占了绝大多数。生活就是如此，生活本就如此。因此很多人看到一些孩子面对自己的家长不是很尊敬的时候，很多父母管教孩子的方式很粗暴的时候，他们作为局外人不是很理解，认为换做自己绝不会那样。但在现实中，他们也在做着同样的事，只是身在其中，是当局者，不知道罢了。

一次，有一个朋友来家里玩，他和他的妻子一起来的。谈话间他的妻子非常感慨地说起了她的儿子。她的儿子当时九岁，已经不小了，这个时候的孩子其实已经非常敏感了。当然他们不知道。在父母的眼里，孩子始终都是孩子，他们是不懂事的。尤其还是那么小的孩子，能知道什么呢。这个孩子的学习成绩一直不是很好，比较贪玩，很顽皮，小小年纪就经常在学校打架，身体很好，班主任只要给她打电话，十有八九就是这孩子把班上的哪个同学打了。这让她十分头疼。

不幸的是，邻居家也有一个九岁的孩子，这个孩子非常听话，很老实，看上去是个很懂事的小孩，最重要的是，这个孩子的学习成绩好，两个人在一个班级。邻居家的孩子在班上一直前三名，她的孩子只够垫底的份儿。作为母亲，她不但为儿子的将来担忧，同时也觉得脸上无光，她总是觉得邻居家的那个女人在她面前炫耀自己的孩子成绩如何好，表现如何优秀。这让她肚子里憋了很多的火。终于有一次她爆发了。

那是他儿子班上的一次数学测验，邻居家的孩子考了100分，她儿子考了83分，分数不算很低，但在班上的排名非常靠后。于是，当晚她把孩子叫到自己跟前，好一顿数落，整整骂了将近两个小时。孩子终于也火了，大叫道："你如果觉得×××好，你让他当你的儿子吧，我就是笨，我就是考不好！"

她更生气了，第一次动手打了儿子。深夜两点多，她起来去卫生间，忽然听到儿子房间里有啜泣声。她很吃惊，悄悄推开门，果然，她儿子几乎哭了一夜，伸手一摸，枕头都湿了。她告诉我，她当时后悔极了，恨不能抽自己一个耳光，孩子的感受让她这个做母亲的丝毫没有注意到。自己小时候就讨厌父母将她跟别人家的小孩比，现在轮到她了，还是一样，自己还那么凶，孩子能不伤心吗？而她当时还在埋怨自己的儿子。

我听完之后深有感触，其实生活中类似的事情很多，我们太容易忽略家人的感受了，以至于根本就察觉不到他们的心理变化，也不愿意去多想。一些无意的举动让他们更加伤心难过。原本是最亲密的人，却伤害他们最深。

所以，如果你爱自己的亲人，爱自己的家，那么请你尽快走到他们的身边，擦掉他们脸上的泪水，告诉他们，你爱他们，你一直都在。

时间可以提升感情，也可以毁灭感情

一个很常见的故事，同时也是一个真实的故事。

一个朋友和另外一个姑娘都在同一个楼层工作，在不同单位，中午出去吃饭经常能碰到那姑娘，巧的是还经常在楼下同一家餐厅吃饭，一来二去就熟悉了，午间休息的时候两人在楼层内聊天，彼此聊得很投机。时间长了，爱情的火花就冒出来了，渐渐地两人都坠入了爱河。他们彼此都很满意对方，各方面的条件也都不错，两年后，两人领证结婚了。

时间过去了9年，朋友经常夜不归宿。他的原话是“现在我老婆简直和我刚认识她的时候判若两人，那时候她是那么的温柔体贴，善解人意，从不会乱发脾气，也很大方。我们在一起吃饭，玩儿，她从来不会像一般的女孩子那样总是让男方掏钱，显得特豪爽。可是现在呢，你看她现在，为了一点芝麻绿豆大的事情都会和我吵架，每天就为了家里那点事都能闹个天翻地覆。孩子成绩稍微下滑一些，她就让我在周末给他补课，她在旁边监督，晚上回去晚一点，就要发脾气。而且家里的钱，从来不让我动，每周只给我三百块钱，就这么点钱，够干什么的？只够我吃中午饭的。我真受不了！”

由于彼此是朋友，经常很多人在一起聚会，他妻子我们圈子里的人大多都认识，我们知道两人就是因为生活中的琐碎问题，没有人出轨，所以就没觉得真会有什么事，夫妻吵架很正常。但没想到，这个朋友夜不归宿不到一个月，离婚证领到手了。

时间可以培养我们的感情，但它也可以无情地冲淡我们的感情。

时间的确是个很神奇的东西，它能抚平我们心灵上的很多创伤，也能给我们造成更多的创伤；它能让我们彻底爱上一个人，也能让我们彻底忘掉一个人；它能给我们友谊，也能让我们忘掉彼此的曾经，将友谊吹散在风中。它是个生命的元素，也是生命刻度，它在不停地往前走，我们只能跟着它的步伐，但这过程中，却丢掉了很多东西。

很多人在这个问题上有过精辟见解，简而言之就一句话：时间可以冲淡一切感情，一切都在变淡，变得像白开水一样，淡而无味，毫无新奇可言。今天看到的是你，明天看见的还是你，后天也是一样，慢慢地，厌了，倦了。尤其是夫妻，开始争吵，开始无休止地闹，无休止地指责对方。因为在一起的时间久了，彼此的毛病完全暴露在眼前，哪怕是闭着眼睛都能猜测到对方某时某刻的动作。

其实，何止是夫妻如此，朋友也是一样。

有一次，单位一个年轻小伙说了一件让他很感慨的事。他在读大学的时候和班上的一些人感情很好，临走的时候那些“哥们”到火车站送他，好几个号啕大哭，当时他也是泪流满面的。但三年后的现在，大家天各一方，其中一个突然给大家发了条短信，他要结婚了。

时间过去三年，彼此的联系其实已经渐渐少很多了。既然来短信了，不能不表示。但事实上，如果要出现在对方的婚礼上，他还真觉得有点为难，请假也不是不行，但他不想因为这件事耽误自己的工作。所以晚上就和那些“哥们”商量看怎么办。因为要结婚的那个朋友也没有说让他们非要去，理解万岁，就是告诉一声。所以这些人就在群里说自己的看法。其中一个突然吼了一句：“哥儿几个，别吵了，我知道他的银行账号，肯定是对的，我把账号给你们发过去，到时候我们把礼金给他打过去不就完了吗？”

这个年轻小伙子很感慨，不过是三年而已，彼此曾经深厚的友谊就变成了赤裸裸的金钱关系。

很多时候，有些感情，走着走着就淡了，如果我们不想办法，这种感情可能再也回不到从前，再也回不到当初的纯真，再也找不到当时的感动。时间，它给了我们很多，让我们从中体会了很多，学会了很多，但它也带走了我们更多的东西。

如果，不想曾经的爱情就此被时间埋葬，不想曾经的友谊就此被时间攻陷，不想亲情因为时间变淡，那么我们还是应该想些积极的办法吧，因为如果让时间将所有都带走，我们剩下的东西，真的就不多了。

时间之所以让彼此的感情变淡了，让曾经的感动变淡了，究其根源只有一个，那便是漠然。如何让自己不再漠然？最好的办法莫过于找回曾经的感动，找回曾经的温馨。

亲情圈子的维护和朋友关系虽然不能完全画等号，但有很多一致的地方。

如果时间太久，我们不去想办法，不去努力，多年的感情很可能像我之前那个朋友那样，多年的婚姻走到尽头，曾经的爱情变成没完没了的争吵，而争吵的原因完全都是些鸡毛蒜皮的小事。好的方法无过于在乏味的生活中制造一些小惊喜，多增添一些新鲜感，这种新鲜就像给生了锈的齿轮涂上润滑剂，给干涸了的土地浇灌些水。去做一些很小的事情，有时却能达到意想不到的效果。

我之前那位朋友，他离婚了，但一年之后，他又复婚了。因为两人之间并没有解不开的疙瘩，也没有原则性的问题，他对自己的过激行为也感到痛心疾首。他用夜不归宿的方式和自己的妻子对抗，但并没有想用这种方式结束彼此的婚姻。

我们给他的建议是，再次去追求自己的妻子，将年轻时候没做过的一些浪漫的事做一遍。因为那时没有那么多的积蓄去做一些事情，这个时候可以了。比如送束鲜花，在一个相对高档的地方吃一次烛光晚餐，孩子假期的时候一家人参加一次国外的旅行团，感受一下异域风情，到这个城市从来没有去过的地方住上一晚，等等。他做了，像年轻的小伙子一样猛烈地追求自己的前妻。

于是，他们再次领了结婚证。

“施予”是一把双刃剑

亲情圈子的互相帮助往往是不需要理由的，不求回报，无私地付出。尤其是父母对子女的关怀，这种感情会维系一生，直到他们再也没有任何能力的时候。所以，“家”在我国是一个温馨的词汇，但这个词汇的背后，也隐藏着一些我们不得不去面对的问题。

那就是过分的帮助，最终是成就了对方，还是害了对方，很难说得清。

很多事情都有两面性，要一分为二地看待。“施予”也是如此，尤其是无条件的施予，在一定条件下，这种施予或者说是帮助能给人安全感，帮助对方渡过难关，为他的生活铺平道路，让自己的亲人，亲情圈子里的人能尽快取得成功。即便不能如此，也可以为他们遮风挡雨，筑起一个安全的堡垒，坚实的后方。

但这些年越来越多的年轻人被称为“啃老族”，越来越多的年轻人失去了艰苦奋斗的品质，坐享其成，安于现状，不思进取，依赖心理严重。其实每一个“啃老族”的背后，大都有一个过分付出的家庭。所以他们不用上班，一样可以生活下去，不用去理会别人的眼光，不用承受巨大的工作压力，不用每天挤公交，挤地铁，早起晚睡干工作。他们有家庭的支持，有家人的帮助，在相当长的一段时间内，这种状况可以维持下去，渐渐地，他们也就适应了这种没有工作，没有压力，没有人际交往的状态，心安理得在家里当起了“啃老族”。

早年前看过一个报道。那时还是我国改革开放的初期，一个偏远山村的小伙子进入大城市闯荡。由于肯吃苦，头脑灵活，而且很有商业嗅觉，在短短的十年时间里，这个曾经的小伙子成为那个城市的首富，坐拥亿万身家。可贵的是，这个昔日的小伙子，今天的“首富”并没有忘掉自己的出身，没有忘掉自己走出时的那个村子。所以，在他的生意稍微有些起色的时候，就开始给村子里的人汇钱。

这个村子不是很大，人口也不是很多，这笔钱虽然不少，但这个小伙子足以承担。每年，每家都能领到小伙子寄来的钱。当小伙子成为首富之后，他还是一直如此，保持给乡亲们寄钱的习惯，而且每家的钱也有所增加。他知道在那个村子里生活不容易。

又过了两年，他觉得是时候回去看看了，他认为自己这些年给乡亲们寄钱，再加上他们自己劳动所得，现在的村子肯定和往日大不相同，之前的老房子也一定都看不见了，代之以崭新的小楼房。他知道自己这些年寄的钱足够乡亲们盖起一座小楼房了。

当他走进村子的时候，他震惊了。

曾经贫穷，落后，到处是草房子的小村子，非但一点变化没有，而且看上去似乎比以前更加落后了。更让他吃惊的是，这个时候人们应该在地里干活，但农田里却一个人都没有。大家都躺在村口的路边抽着烟聊天，调笑，都是一副懒洋洋的模样。小伙子心里很震惊，自己走的时候，村子里的人都是很勤劳的，日出而作日入而息，这是他们的生活写照，但现在好像完全不一样了。

时隔多年，很多人都已经不认识当年离开村子的小伙子了，于是他就问其中一个老人，你们为什么不去田里干活啊，农田现在都长满野草了。

老人回答："干活干啥，有人每年给我们寄钱。"

小伙子彻底呆住了。

回去以后，他痛定思痛，决心改变这一切。他决定停掉对村人的直接金钱帮助，而是给他们创造更多的劳动机会，让他们自己学会用双手创造财富，而不是坐享其成。他在村子里投资建厂，给村民提供劳动岗位。一年以后，这个村子再次焕发了生机。

爱，可以成就一个人，也可以毁灭一个人。因为溺爱，致使孩子走上歧路的例子不胜枚举。施予，在亲人间是体现彼此爱的一种方式，这种施予是没有任何附加条件的，是完全无怨无悔的付出。也正是这种施予，让很多人尝到了不劳而获的甜头，进而彻底失去了奋斗的精神，开始变得懒散，变得安于现状，变得碌碌无为。

施予，是一把双刃剑。它可以让我们规避很多问题，少尝很多艰辛，甚至少奋斗很多年；它可以让我们在需要帮助的时候立刻就能得到，因而生活一直顺风顺水；它可以让我们在濒临困局的时候得到强有力的支撑，而不至于倒下去；它也可以让我们在“想要”和“得到”之间顺利实现。

但是，这种施予的背后却隐藏了巨大的危机。

人的成长过程是有规律可循的。一粒种子，只有放在外面经受各种风吹雨打，最终才有可能长成参天大树，才能成为栋梁之材。人也是如此，只有经历过磨难的洗礼，失败的打击，痛苦的折磨，之后才能学会做人的道理，能力才能得到提升，心态才能完成从幼稚到成熟的转变。这一切都需要人们自己独立去面对一些问题，处理一些危机，化解一些矛盾后才能获取。过分的施予便等于将这些完全扼杀。看似要什么有什么的生活，事实上失去的远比得到的多得多。

当你出现问题的时候，有人出面给你解决了；当你没有工作而为生计发愁的时候，有人给你把钱打进卡里了，你心满意足了，再也不想去奋斗了。时间一长，你就会发现，自己和身边人的距离越来越远，彼此的话题越来越少，甚至很难融入他们的生活。他们的话，你听不懂了，而你每一次发言，经常换来一阵笑声，自己还不知道问题出在什么地方。因为别人都是经历过风吹雨打后成长起来的大树，而你只是在温室里培养起来的花朵，两者之间已经没有办法沟通了。

施予，对于亲人来讲是一个不可避免的话题，因为亲情存在，所以会有无条件的付出和给予。但千万不要让这种给予毁了你最珍惜的人，要知道，施予，它也是一把双刃剑。

第八章

玩转规则，行业人际节节攀升

圈子的提升，是一步步进行，在人们的逐步位移中实现的，而不是一下子从平地站到了金字塔的顶端，如果真是那样的话，你可能会不适应的。

想做什么样的事业，就要进什么样的圈子

很多人在职业选择上感到非常头疼。一来不知道该做什么，二来不知道该怎么去做，内心十分纠结，难以理清。

任何一个行业，都有它的市场，不然这个行业就没有存在的意义了。三百六十行，每一行都会涌现杰出人物。福布斯排行榜上的富人名单，有人在做互联网，有人在卖房子，有人在卖饮料，有人在搞金融，还有的人在农耕，每个行业都有。进入哪个行业不重要，重要的是你想干什么。这一点自己应该知道答案。接下来的问题才是关键：怎么进入这个行业?

非常简单，多与这个行业的人打交道，就能进入这个行业的圈子。要做什么样的事业，就要进什么样的圈子，和什么样的人打交道。想做电器，就不能和渔业老板来往太多；想做互联网，就不能经常往小商品批发市场跑；想画画，就多找画家聊聊。

我的一个同行，当年是记者出身，我们都很好奇，为什么放着好好的记者不干了，跑来和我们搅在一起，经常跑码头，住旅店，雨里来风里去，跑市场，跑业务。他笑着回答说，当时他的工作就是负责采访我们这个行业的人，将这个行业在杂志上刊登出来。时间长了，这个圈子的人多半成了他的朋友，人头越来越熟。有一次一个老总对他说：小伙子你很有能力，有没有考虑过放弃记者的工作，来我公司，给我帮忙?

机会就这么来了。这个记者当时就答应了。接触这个行业的人多了，他发现，其实这是一个充满激情的行业，虽然压力很大，竞争很激烈，但作为年轻人，他很有冲劲想做一番事业。记者的工作是家里帮助安排的，并不是他喜欢干的。就这么一来二去，他成了我们中的一员，而且做得很不错。

圈子对人生事业的帮助具有至关重要的作用。圈子进对了，事业也便成功了一半。

邝子平是一位著名的基金投资人，启明创投的董事、总经理。在没有担任这个职务之前，他是英特尔投资部中国总监，加入英特尔之前，他还有在思科的工作经历。他的人生的成功与他的人脉圈子有着很直接的关系，甚至可以说，是他的人脉圈子促成了他的成功人生。

他是斯坦福大学计算机专业硕士研究生，在斯坦福大学，他结交了一批对他影响很大的朋友。这些人后来也都回了国，成为邝子平回国后创业、工作的重要伙伴。这些人中有张锐，美林中国董事总经理；陈捷，东京电子中国总裁；茅道临，曾经的新浪董事长；林伟萌，泰达荷银基金公司 CEO。

从斯坦福大学毕业后，邝子平进入一家公司工作，干了三年。这期间他建立了第二批人脉圈子。三年后，他进入了思科，这也是因为他的朋友。他自己曾经说过："我找到一个朋友，他当时是思科驻香港负责人，他告诉我，思科在招人。"邝子平进入思科，他在原来公司的那些朋友也有不少一起进入了思科。大家工作起来方便了很多，因为不需要磨合，彼此都是早年的朋友，做起事来得心应手。

在思科干了五年。这五年邝子平建立了自己的第三个人脉圈子，这个圈子都是行业内人士，一些国内外都很有名的IT精英。邝子平本人曾坦言，他的第三个人脉圈子，对他以后的投资事业起到了很大的作用。

离开思科，邝子平进入了英特尔投资部，对他而言，这是又一个人脉圈子，这个圈子对他后来的事业有着至关重要的作用。在那里，他在投资这个圈子里获得了重要的人脉关系，比如美国软银创业投资基金会创始人Gary Rieschel。此人曾动过挖走邝子平的想法，但没有成功。不过，他们后来成为同事——六年之后，他和这个朋友一起创建了启明创投公司。

邝子平的事业之路与他的那些人脉圈子紧紧跟随。从事与计算机相关的工作的时候，他认识了一大批IT精英，后来进行创投工作，也是因为这个圈子里的人他才走上了这条路，进而开始自己的创业之路。

人生都是如此。人们都希望自己能获得成功，但如何才能达到，单靠自己一个人的力量，显得太过单薄。只有不断调动圈子里的力量，从别人的身上借力，才能一步步走向成功。

创业的人很多，失败的更多，究其原因人际关系差是重要的一点。人不是万能的，我们不可能在任何方面都面面俱到。如果要想创业成功，最重要的一条就是找到能帮助你的人。你不可能精通每一项技术，也不可能知道每一个细节。企业家如果想获得成功，就必须在圈子里找到能帮助自己的人，要与别人进行合作。对于普通的白领来讲，也是一样。现在不是孤胆英雄的时代，当下社会讲究团结协作，讲究团队，讲究分工。我们必须有自己的一个圈子，要学会如何与这个圈子里的人相处。

就像减肥，如果你真正下定决心要减肥了，那就不要与胖子为伍，找到志同道合的人，和他们一起商讨如何才能更加有效地减掉自己身上看上去臃肿的脂肪。

知道自己想做什么，要做什么，能做什么，这是对未来事业规划的基本思考。如何做才能更快成功，如何进行第一步，这才是实质性的问题。如果你对这个还不是很清楚，那就请记住，无论想好了要从事何种事业，第一步都是将自己融入那种事业的圈子，这才是明智之举。闭门造车的人永远不可能造出一辆好车。

找一个“师父”领进“门”

在任何一个行业，如果想要取得一定的成就，没有几年，甚至更长的时间，根本无从谈起。前几年关于一夜成名的话题被炒作得沸沸扬扬，某些娱乐节目给了一些年轻人这方面的误导，认为出名、赚钱这些事情其实是可以在短时间内完成的，只有你有胆量，敢挑战。

事实上，挑战的人绝大多数都失败了！

一个行业，就是一个世界，这个世界的水很深，深到你刚进去的时候可能完全蒙头转向，找不到东南西北，不知道该做什么，什么是重要的，什么是次要的。对于职场新鲜人来讲，人际关系的历练还要往后排一排，你首先要做的是，知道自己在干什么，怎么去干，怎么才能干得好，这才是关键。当然，这只是第一步。

如果这个过程没有人带着你，那恭喜你，你惨了。因为你会感觉自己掉进了一个伸手不见五指的漆黑的世界里，在这里你完全不知道自己存在的价值，看着身边忙忙碌碌的人们，你不知道他们为什么而忙，他们在做什么，你只能看着，坐在自己的位置上，感觉自己像是多余的。如果这个感觉持续的时间稍微有些长，那就很不妙了，可能人事部的人就会来找你谈话，也许他们会告诉你，你不适合在这个办公室坐着。

一个刚毕业的大学生被分到了某单位的售后部。上班第一天，人事部的同事将他带到一个老同事面前，告诉他说这个人以后就是他的师父了，以后多跟着学。这个小伙子点点头，老老实实地等着听师父的教诲。谁知道这个师父什么也没有说，什么事也不让他做，拿来一本厚厚的资料，都是有关公司产品介绍的。告诉他，一个星期内什么都不用他干，只要把这些东西熟悉了就好。

小伙子一开始的时候还没有觉得有什么问题，但看过三天他就觉得不是很舒服了。单位里除了他，所有人都显得特别忙，进进出出的，很有大公司的氛围，而自己则像个学生一样，整天坐在办公桌前看那些破书，而且都是无聊之极的产品介绍，数字的东西很多，很难勾起阅读的兴趣。尤其是有时候单位人都出去了，就他一个人，倍感孤独，好像自己是个外人，不被他们接受一样。

一个星期过后，师父来找他，问那本书看得怎么样了，他说没问题了。师父点点头说：那从今天起就开始接听客户的电话吧。售后部经常有客户打进电话，询问关于产品的各种信息。小伙子很开心，终于有事做了。电话刚接好，电话铃就响起来了。小伙子信心满满地拿起听筒准备解决客户的问题，但一分钟不到，他的脸绿了，客户问的产品信息，他根本就不知道，手忙脚乱地去找那本书的时候，客户已经挂断电话，直接投诉他了。

“静下心来，多学习，售后和售前没有什么区别，不要以为售后是份清闲活儿，都一样，好好学着吧，按照我说的做。之前那个星期，你可能根本就没怎么看那本书，不然不会连那么简单的事情都搞不定。”小伙子的师父并没有太生气，笑呵呵地告诫他。

当新鲜人进入一个单位之后，要做的第一件事便是给自己找个“师父”。一般来讲，不是所有单位都会有老员工带新人的，新人有适应期，但这个适应期不会给你太长，如果想要尽快融入单位，想要尽快摸索到这个行业的门道，找个人，跟在他后面学，是最直接，也最省事的办法。如果只是单纯靠自己，浪费很多时间不说，公司也不可能给你太多机会出错。在学校里，考砸了，可以补考；在单位里，没有这个机会。

“师父”们对这个行业的精髓把握得更准。经验是最宝贵的东西，这东西不是从书本上能学来的，也不是拿钱能买来的，它是在实践过程中一点一滴积累起来的，这些东西才是支撑一个人在某个行业成功立足的根本，而不是学历。老员工一般在某个单位待得时间比较久了，对这个行业有了很深刻的认识和体会，他们掌握的是这个行业最精髓的东西，他们身上有从事这个行业最实用的技巧，最有效的方法。他们的办事效率更高，出错率更低，他们能胜任一些非常有挑战性的任务，在应对突发事件方面也更有老道的经验。

“师父”在这个行业里有广泛的人脉。为做事，先做人，没有一定的人脉,在任何一个行业生存都是一件非常具有挑战性的事情。而“师父”们有。首先他们在单位的时间长了，人头比你熟得多，在单位的各个部门都有他们的熟人，朋友，甚至每个人的脾气，秉性都摸得一清二楚，哪个领导喜欢什么样的办事方式，哪个领导喜欢什么样的性格，他们都门清。可以说，在单位,这些“师父”已经熬成了“人精”,跟在他们后面,你绝对不会吃哑巴亏,在单位你会更加顺风顺水。由于在这个行业的时间久了，“师父”们接触的面肯定更广，客户基础更多。多年的积淀，才会有他们今天的地位。碰到什么问题，他们能借助的人脉关系更广，更实用。从他们那里，你不但能学习行业知识，还可以借用他们的人脉关系，一举两得。

“师父”更擅长人际交往。在社会上时间长了，人际交往的能力都得到了一定程度的锻炼，“师父”们在这个问题上的认识较之职场新鲜人深刻得多。他们有一套完整的为人处世理论，对人际交往常有真知灼见，往往能精辟地道出问题的关键，让人如醍醐灌顶，如梦方醒。跟在他们后面，不但要学着进入行业的这个“门”，还要进入人际交往的这个“门”。两者同样重要，缺一不可。

找个“师父”带你，他可以让你在最短的时间内进入这个行业，摸到行业的门槛，他可以用最直接的办法让你清晰认识到，你面对的是社会，是赤裸裸的现实，而不是你认为的那个世界，那个书本中的世界，或者是想象中的世界。

业内交往不可操之过急

初来乍到的新人，不管是在单位，还是因为工作关系到客户那里，都希望能尽快崭露头角，在最短的时间内取得成功。他们太渴望成功，所以不少人急功近利的浮躁很明显。最直白，也是最糟糕的一种表现形式就是和谁都自来熟。

初到单位没几天，和谁仿佛都是朋友。走到任何一个人面前，不管对方在干什么，都很热情地主动上前打招呼，主动帮助别人做事情，恨不得自己能代替他。这种过头的热劲很容易引起别人的反感。一来彼此并不熟，在对方眼里，你不过是新来单位的菜鸟，也是一个和他们暂时没有任何交往的陌生人。不太熟悉的人之间有一个安全距离，一旦你超越了这个距离，很容易让人产生不好的感受，觉得你侵犯了他，从而对你产生抵触心理，以后想弥补就难了，这种第一印象一旦产生，很难修复。

如果说在单位里这个问题还是内部矛盾的话，行业内交往如果仍然采取这种方式，就是外部矛盾了。同一家单位，想不见面都难，经常在一起，同事可以通过后续的了解化解之前的误会，甚至可能将同事关系变为亲密无间的好朋友。行业内的关系不是如此。尤其是同行之间，更不能在第一次见面时就表现得如此亲热，给人留下你有所企图的印象。

人际交往，一回生，二回熟，三回才是老朋友。就是面对一般的陌生人，也要讲究循序渐进，不能一蹴而就。尽管你可能很喜欢对方，但不能要求对方也像你一样，在第一时间就喜欢上你，要给别人一点时间，让他去了解你，走近你，慢慢对你的各方面有一个大致的判断和熟悉的过程，这样才能消除彼此因为陌生而存在的隔阂。罗马不是一天建成的，感情也不是一天两天能培养起来的。如果第一次你就把对方当成自己多年不见的老友似的，对方要么认为你别有用心，要么觉得你的神经可能不太正常。

行业内交往，更有禁忌。尤其是在最初认识的时候，同行是冤家，在同一个行业来往，有些信息、资源是可以共享的，但有些不能，甚至可以定性为商业秘密。这些东西每个人都藏在自己的心里，不会让同行的其他人知道。所以在初次接触自己的同行的时候，如果表现得过分热情，不但会给人留下“生瓜蛋子”的印象，也可能会让人怀疑你居心叵测，从而切断了结交你这个朋友的机会。第一次见面，或者是前几次见面的时候，对方多数情况都是本着“未可全抛一片心”的想法与你交往的。同时他们也会笃定地认为，你的心理和他们一样，并不会有什么不同。

欲速则不达。

《伊索寓言》里有一个非常有趣的小故事。

一个穷人在一个刮风下雨的很恶劣的天气里来到了某富人家的大门外，他开口说道："行行好，给点吃的吧。"仆人一看就觉得厌烦，类似这样的穷人他们见得太多了，主人也不喜欢他们，所以这个仆人非常没有礼貌地推开了穷人，粗鲁地说道："滚滚滚，一边待着去吧。不要来烦我们，我们老爷可不喜欢你这样的人。"

穷人无奈，只得低声下气地说道："那好吧，那求您行行好，让我进去到您的炉子上把衣服烘干，烘干之后我就走了，您看可以吗？"仆人一听，这似乎也不是什么大事，就是在炉子上烘烘衣服，不用破费，想了想，就答应了。

来到厨房，穷人一边烤衣服，一边盯着厨娘旁边的锅说道："求您行行好，借您的锅用一下，太冷了，我想做点石头汤喝。"厨娘一听，眼睛睁得很大，她从来没有听说过什么"石头汤"，难道石头还能熬汤？厨娘就把小锅借给了穷人，穷人接过锅开始烧水，一边烧一边说："您看，要做石头汤，没有盐怎么能行呢？"厨娘给了他盐。又过了一会儿，穷人又说要做石头汤，没有肉也不行，厨娘又给了他一些肉末，之后又按照穷人的要求给了他一些其他的作料。

当穷人把石头汤拿出富人的厨房，走在路上的时候，他毫不犹豫地扔掉了锅里的石头，享受了一顿美味的肉汤。

人际交往的道理和这个故事中所表达的道理是相通的。如果那个穷人一上来就对那个厨娘说，你给我一锅肉汤喝吧，我又冷又饿，他肯定不能如愿，但一步一步来，他就达到目的了。人与人就是如此，一开始过分的热情，过分的自来熟反倒容易让人生出戒备心。这样的举动，不但不能达到结交的目的，甚至会因此而让人对你一步步疏远，再难以接近，就连以后创造机会和对方接近的可能都微乎其微了。

交往宜步步为营，不宜一蹴而就。一蹴而就先不说它的成功率有多大，仅就这种思想而言，非但没有考虑到事实上的可能性，也是没有任何生活智慧的表现，更是不懂游戏规则的愚蠢行为。和同行结交，可以充分利用对方的好奇心，一步步勾引他们对自己的好奇心，慢慢地走近他们，也让他们走近自己，步步为营，稳扎稳打，一步一个脚印，不温不火，最高的境界是“随风潜入夜，润物细无声”。这其实是“曲线救国”思想的生活应用。这是生活的智慧。太过突然的亲密会让人觉得不适应，但温水煮青蛙的效果明显就会好很多。

坦诚，多接触，多交流，多沟通，经常见面，通过不断地加强印象，不断地在对方眼前“晃悠”，不断地给对方留下良好印象，时间久了，慢慢地，他就会向你走过来。如果太过急功近利，见过一次面就以对方的朋友自居，这样做的唯一结果就是将对方吓跑。

勿做“滥好人”，说“不”有方法

滥好人有一个典型特点，就是不善于拒绝任何一个人的请求，这已经成为他们人际交往的一个习惯。在周围人眼中，他们是高尚的人，是处处为别人着想的人，他们甚至给人以神圣的感觉。在很多时候，他们不会考虑或者是直接忽视了自己的利益。

这种类型的朋友，也许是希望通过这种方式结交更多的人，得到好的人缘，迅速打开局面，也许是他们的确不知道该怎么去拒绝别人。无论是两种情况中的哪一种，其实这种做法都不能真正为自己带来好人缘。人际交往讲究的是平衡，是两者之间的平衡关系，尽义务的同时，我们也要享受自己该得的权利。如果权利和义务之间的关系不能对等，导致的结果就是彼此的关系不对等。久而久之，长时间地付出得不到回报，甚至得不到回应，内心自然会起波澜。要么怀疑自己的人生价值，对自己越来越没有信心，自卑；要么就是对别人失去信心，彻底对身边的人没有了信任感。无论是哪一种，都会慢慢将自己和身边的人拉开距离，离他们越来越远，最终彻底将自己封闭起来，不愿意再结交新的朋友，不愿意在接受新的友谊，交往圈子越来越小。

有人认为，如果拒绝朋友的请求，是一件很不仗义的事，所以宁愿委屈自己，也不好意思拒绝。中国人本来就有热情好客的传统，如果真拒绝了自己的朋友，会觉得内疚，觉得自己不应该这样做，从而产生很重的思想负担，背很重的包袱。

所以，在中国，拒绝别人成了一件很不容易办到的事。因为我们不想被别人理解成是一个自私、冷漠的人。一方有难，八方支援，这是我们的传统，是美德。但滥好人又是做不得的。所以，拒绝别人的技巧就显得很重要了。

第一，幽默地诱导，让对方自己否定请求。拒绝别人的时候，幽默的方式很重要。在比较轻松的氛围下拒绝别人，能将对方的“不满”降到最低限度，或者是完全不让对方产生任何不满。诱导的方式就是让对方知道自己的难处，一步步让他们自己去了解你的苦衷。当他们心领神会后，就不会再苦苦相逼了。

1972年，美国和苏联达成了一项有关限制战略武器的协议。于是，一个记者问基辛格：美国有多少潜艇配备了某种型号的导弹？多少“民兵导弹”配备了那种弹头？基辛格告诉他，民兵方面他不清楚，至于潜艇方面，他知道，但他的问题是不知道这个问题是不是保密的。因为他的身份不能将涉及国家机密的东西外泄。记者为了得到答案，随口就说，潜艇的问题不是保密的。基辛格笑着回答他说：那你告诉我是多少？记者无话可说了。

第二，延时是个委婉的拒绝办法。当朋友向我们提出某种请求的时候，有些是我们能做的，在我们的能力范围内，可以帮忙，但有些事情超出了我们的能力范围，即便想帮他们，也有心无力，这个时候可以直接拒绝，告诉他，对不起，这个忙，我帮不了，因为我没有那么大的本事。这种方式直截了当，但会让人觉得很生硬，同时也让人觉得不真实。这种时候，可以这样告诉你的朋友："那行，我先试试，不确定是不是能行，这两天我想想办法，如果实在不行，我肯定会给你回音的。"然后过两天再告诉他，这个忙你尽力了，但实在做不到，这样一来效果就好很多。

第三，假设式拒绝。所谓假设式拒绝，就是当对方的请求你没有办法满足的时候，可以按照他的思路假设一个结果，而这个结果恰恰是对方不能接受的，这样一来就完美地解决了问题。

曾经有一个电影明星喜欢上了大文豪萧伯纳。她向萧伯纳求婚说："你看，如果我们两个结合了，将来的孩子如果有你的头脑，我的长相，那他将会是这个世界上最完美的孩子。你说是吗？"萧伯纳笑着回答她说："如果我们结合了，这个孩子有了我的长相，你的头脑，那该怎么办？"

第四，自嘲式拒绝。当别人有求于你的时候，可能是看上了你的地位、名气，或者其他对方认为比较杰出的方面。事实上，你自己知道，那些东西不过是外人的想象，自己根本没有那么美好，但对方的请求已经说出来了，如果直接拒绝，不但令对方难堪，还会让彼此陷入尴尬的局面。此时，最好的方式就是自嘲，将对方最看重的某个点说得一无是处，或者说出自己的某些缺陷、不足，尽量用轻松、愉悦、调侃的语气说出来，让对方知道自己的难处，没有能力帮这个忙。

第五，顾左右而言他的拒绝方法。对方提出某个请求，你不能满足，但碍于场合不好直接说出来，这时可以虚虚实实，实实虚虚，不说肯定的话，也不立即就拒绝对方。尤其是应对一些非常过分的要求，或者是特别难的问题时，这一招很有杀伤力，虚实相结合，顾左右而言他，又叫移花接木。

美国有一个很成功的推销员，上门推销闹钟。叫开一扇门之后，他对主人说："你应该有一个闹钟，早上喊你起床。"主人的回答很有意思："我看我是用不着了，因为有我妻子就够了，每天早上她比闹钟都准时，到点了就闹。"这个推销员只能无奈地离开。

其实，很多被拒绝者气愤的不是自己的事情朋友没有给办，而是对方的态度，或者居高临下，或者傲慢无礼，或者直接无视。大多数情况下，他们气的是这些态度，不是事情本身得不到解决。所以，拒绝别人的时候，无论用什么方式，一个好的态度很重要。

对内存差异，对外一只拳

人际关系有亲疏内外之分，行业尤其如此。对内有对内的原则，对外有对外的方式。要区分好"自己人"和"外人"的关系，对自己人，求同存异；对外，必要的时候则需要全力配合，凝成一股劲，将所有人的力量凝聚起来形成一个拳头，一致对外。

这就是平常讲的内部矛盾和外部矛盾的差别。内部矛盾是不可避免的，职场即战场，有人的地方就有江湖，有江湖就会有争斗，这是社会规律，没有人能改变。在职场这个圈子里，出现钩心斗角，尔虞我诈的情况，并不是特别让人吃惊。社会毕竟有残酷的一面。比尔·盖茨就曾说：“生活是不公平的，你要去适应它。”

在任何单位，同事各有特点，每个人都有自己的认知。他们的人生观、世界观、价值观与自己的可能完全不同，长久相处，自然会有这样那样的碰撞。况且，我们的工作还和自己的切身利益直接挂钩，如果职场中你没有被别人利用的经历，可能只说明了一个问题，那就是你没有被别人利用的价值。

在这样一个地方，没有是非是不可能的，且不说价值观、利益方面的问题，单就工作本身而言，不同人也有不同的看法。每个人对事情的认识都是不一样的，在结果没有出来之前，我们很难断定哪一种看法是完全正确的，既不能全盘否定自己，也不能一味否定别人。出现差异，出现不同看法很正常。工作上的不同看法，恰恰能为工作带来更高的效率，在思想的碰撞中找到更快捷的方法。一些具有创新性的事物往往都是在这种激烈的思想碰撞中产生的。

所以，内部出现分歧的时候，出现问题的时候，出现不和谐因素的时候，有一个大前提不能忘记，那就是这些所谓的矛盾，始终都是内部矛盾，不能因此而影响自己的正常交往，正常工作。正确的态度是求同存异。

可一旦碰到外部矛盾，外部问题，那就必须团结起来，一致对外。内部矛盾并不会动摇我们的根本，外部矛盾会。这个时候，所有的内部问题都要放到一边，所有的内部不和谐因素都要暂时搁置，先处理好外部问题，对外一只拳头。

事情往往是从里面开始腐坏，然后才是外部因素导致它最终走向灭亡。这几乎是一个定理。内部一旦不能紧密团结的时候，“外敌”会轻而易举地攻破堡垒，因为堡垒早已无人坚守。所谓的“腐坏”，指的是内部已经完全成为一盘散沙，单个的力量可能并没有减弱，却无法再通力合作，甚至互相拆台。即便没有所谓的“外敌入侵”，时间久了，也会不攻自破。

因此，对内要团结每一个能团结的朋友，到了关键时刻，这些人才是克敌制胜的法宝。在处理内部问题的时候，面对内部不和谐因素的时候，不能用对外的策略进行处理，过于激烈的方式，过于自我的方式，很难得到同行们的认可。人们都喜欢和有气量的人来往，而不愿意和一个小肚鸡肠的人做朋友。同时，容人之量既是个人的一种修养，也是处世的一种手段。看到自己不喜欢，不接受的，就认定对方是错误的，是不应该存在的。但你怎么能知道，你的观点就一定是正确的，而对方就是错误的呢？

人与人不同。一个完美的团队，肯定会有思想独特的人，有极富创新精神的人，他们有自己完整的思想，有较强的思维能力，完全可以在自己擅长的方面做出优秀的成绩，而不一定非要按照你的方式来。能容人，容事，这是一种高度，一种修养，一种境界。容忍不代表懦弱，它不是退缩，不是畏惧，而是面对现实的智慧，这是一种超越了人类情绪本能的生存技术。世界因为不同而美丽，人生因为差异才如此精彩。

今天独享荣耀，他朝独吞苦果

身处职场，切记不可一个人独享成功果实，一个人独享荣耀，迟早有一天你会因为当时的冲动而吞下难咽的苦果。

一个著名的电台播音员，在这一行做得非常成功，整个电台都因为他的一档节目火了起来，广告更是不断飘红，台里上下对他都非常钟爱。随着节目的走红，这个播音员也渐渐引起行业专家的关注。终于有一次，他凭借自己过硬的专业本领，获得专家的认可，得了一个非常高的奖项。台里为此给他办了庆功宴，还给了他一个大大的红包。

播音员为此兴奋不已，身边的人也都很是羡慕。但事情过去不到一个月，他发现了问题。不管是他的同事，还是他的领导，甚至经常在一起工作的亲密伙伴，都开始有意无意地疏远他，甚至开始和他作对。好好的一档节目，从来没有出现过任何问题，但一个月不到的时间，出现了三次重大失误。

这让他非常苦闷。

之前的荣耀，他忘记了和自己的身边人分享，一个人将那个奖项领回了家。台里给他办了盛大的庆功宴，给了他一份非常不错的红包，可是他在领奖的时候，却忘记了和自己一起工作的同事们，还有他的领导。回到台里，他也没有向任何人道谢，庆功宴后的红包他更是一个人独享了。别说没有拿出来跟大家分享的意思，就是从其中拿出一部分来请大家吃饭的意思都没有。

他的这些举动，很多人都看在眼里，尤其是和他一起搭档做节目的同事们。这档节目之所以能取得那么好的成绩，和这个播音员确实有直接关系，可以说是他的到来让这个节目起死回生。他的确有大部分的功劳，是功臣中做出贡献最大的一个，但千不该万不该，他不该把自己当成这个功劳的唯一贡献者，其他人即便没有功劳，还有苦劳吧。

一点表示都没有，别人自然会心生不满。久而久之，当这种不满达到一成程度的时候，就会表现出对抗的情绪。工作中用各种方式和你对着干，拆台。让你本来能顺利完成的工作需要花费更大的代价，更多的付出，结果还远远不如以前完美。对于领导而言，他的这一举动更加让人不安。这给了领导一个很明显的信号，对方取代自己的时间不远了，而且看他做事的这个“狠劲”，可能说不定早就在谋划怎么取代自己。如果领导有了这样的想法，可想而知，播音员的工作就很难干好了。

当播音员知道了这一切后，只能苦笑，自己还是太嫩了，对职场，对生活，对人性的了解太少，这里明显已经不适合待下去，只能辞职。

这是一个很典型的例子。在工作中，当我们取得了一定成绩而得到奖励的时候，千万不要独享荣耀。你一旦将这份荣耀装进自己一个人的口袋里，意味着你在单位的人际关系要有大麻烦了。如果我们想靠这份荣耀让自己在未来走得更好，更远，那下面的几件事是你必须要做的。

首先就是对你身边一起工作的人表示感谢。每年台湾的金马奖，香港的金像奖，只要有人上台领奖，领奖人肯定会说一大堆感谢的话，从导演到片场的每一个工作人员，都要感谢一遍，每年如此，从无新意，但却非常有必要，没人敢在这个环节上跳过。就是因为大家都懂得，荣耀是拿来分享的。你要感谢你的领导，是他的提拔、重用，才能有你得到荣耀的可能。事实上，也的确如此，没有他对你的赏识，可能你的成功还要等上一段时间。同时，还要感谢你的同事，无论他们对你的工作做出的贡献是大是小，你都应该对他们表示感谢，因为只靠你一个人，什么事情都完成不了，是他们的默默无闻，才造就了你的成功，造就了你这一刻的荣耀。

还要会分享。当我们获得荣耀的时候，很多目光都注视着自己，你的一举一动都将落入大家的眼中。这个时候，分享是很重要的。将自己的荣耀拿出来和别人一起分享，其实道谢也是分享的一种。这种分享可以无限扩大，完全可以让身边的每一个人都感受到你的诚意，感受到你获得的这份荣耀，其中也有他们的功劳，让他们也从这份荣耀中感受到一份骄傲和自豪。这是虚的一方面。讲实质性的，比如可以是请人吃顿饭，或者是小到送包喜糖，虽然事情很小，但这是一个信号，让他们知道你的心意，同时所谓拿人手短，别人既然得到了你的好处，以后在工作中自然也就不好意思与你为难。

获得荣耀后，更要有一颗谦卑的心。越是获得成功，越是辉煌的时刻，人越是要保持一颗谦卑的心。这个时候的自己正当红，很多人会因此而忘记了自己原有的身份，忘掉了身边的朋友，开始自我膨胀，自高自大，甚至目中无人，轻视一切。当时可能因为你正在这个“气势”上，别人不会明着和你对抗，但花无百日红，再辉煌的荣耀也有暗淡的时候。当你的光华散去，那些原本受够了你的“气”的朋友可能就会调转枪头来收拾你了。此时的你，只能被动挨打，而无还手之能，因为你已经成了箭靶子，是众矢之的。

所以，当我们获得荣耀后，要比以前更低调，更谦卑，对谁都客客气气。因为，你这是要告诉他们，自己的荣耀绝不会影响他们的生存空间，不会因此对他们做出任何打压的行为。这样会让离你最近的人有一种安全感。

荣耀不能独享。这就像踢足球，不管是前锋、后卫，还是守门员，他们都有自己的价值。如果赢得一场球赛，你很难说得清他们到底谁的贡献最大，虽然我们的目光多数集中在进球的那个球员身上。

在逐步位移中实现圈子的同步提升

不少都市白领都在抱怨一个问题，那就是自己的社交圈子太狭窄了。他们也知道社交圈子的重要性，也知道良好的人际交往是未来人生道路上的重要助力，但问题是他们每天的生活就是如此单调，要么是闭着眼睛都能从脚步声听出是哪一个的同事，要么是每天面对的那个无聊领导。如何才能扩大自己的社交圈子，提升自己的社交圈子，让人一筹莫展。

其实，很多问题的现状是，虽然没有我们想象得那么美好，但也没有我们想象得那么糟糕。这个问题也是一样，冷静下来想一想，那些具有高质量人际关系的成功人士，他们的社交网络也不是在一天之内形成的，他们也曾经面临和你一样的问题，也曾经和你一样为这个问题苦恼，但却一步步走了过来，跨过了很多看似艰难无比的困境，找到了人生中一个又一个美丽的风景。

人人皆是如此，圈子的提升，是一步步进行的，在人们的逐步位移中实现的，而不是一下子从平地站到了金字塔的顶端，如果真是那样的话，你可能会不适应的。而如果始终不动，一辈子待在一个地方，那么你的人际圈子也无望得到提升。端一辈子的盘子不可能真正和投行的老总们一起喝咖啡。所以，西班牙著名作家塞万提斯就说："重要的不在于你是谁生的，而在于你跟谁交朋友。"

我国从改革开放至今已有三十几年的时间，这期间涌现了一大批在商场做出卓越成就的人，比如史玉柱、牛根生、宗庆后、刘永行兄弟、马云、陈天桥，等等。这些人都在各自的领域做出了杰出成就，在创造了很多财富的同时，也为社会提供了很多就业岗位。如果我们考察一下他们的成长背景，会发现，他们大多数并不是出生在大富大贵的人家，没有太多可以依仗的背景，靠的就是自己的艰苦奋斗，才有了今天的名誉、地位。

虽然不可能人人都成为著名的企业家，通过生意上的成功，一步步实现人际圈子的提升，但我们同样可以在职场生涯中不断提升自己的人际圈子质量，这就是位移。所谓位移，也就是在不同的职位上，我们的人际圈子也将得到不断的变化和改善。

民营企业的晋升机制一般比较灵活，速度相对较快，只要在自己的岗位上做出了一定的成就，得到晋升是很容易的事情。

李冰就是其中的一个，现在他已经可以和老总坐在一起讨论公司的未来战略发展了。几年前，他进公司的时候，还是个很青涩的大学毕业生。那时候的他，简直就像一个害羞的小姑娘一样，站在老总面前手都不知道放哪儿合适。

李冰是技术出身，软件工程专业，专业知识很棒，来到单位唯一的缺点就是不爱和身边的同事来往。中午休息的时候，他经常一个人外出就餐，很少能看见他和大家打成一片的情况。技术经理找他聊过几次，李冰开始慢慢尝试着接受同事。当他真正开始和同事接触之后才发现，他们人都很不错，原来他觉得会让自己难堪的荤段子似乎也不是那么让人讨厌，不知不觉中，他也开始讲荤段子了，而且乐此不疲。他和大家接触过后也发现了一个问题，自己的长处并不是技术有多过硬，而是自己的基础知识扎实，需要学习的地方其实非常多。这时身边的那些同事给了他很大的帮助，从需要阅读的书籍到现实中的技术指导，李冰用最短的时间掌握了工作中需要的核心知识，并且考取了和工作相关的专业证书。一年不到的时间，他感觉自己仿佛脱胎换骨了一样。

由于好学上进，表现突出，在一次专业攻关过程中，李冰吃住在单位，狠下了一番苦功夫，让单位提前半个月攻下了难题。李冰因此被提拔为业务组长。

最初担任组长的那段时间，他还是我行我素，干自己酷爱的技术工作，至于管理工作，他认为这是那些“大官”，也就是经理级别的领导需要操心的事，和自己没有多大关系。每次和其他组长一起到技术经理那儿开会的时候，他表现得都不是很积极，经理再一次提醒，组长不但要在技术上过硬，还要引导自己全组的员工，一起进步，形成团结合作的氛围，这才是最重要的，也是领导最应该要注意的地方。他也发现了这个问题，因为自己的小组和别的小组一比，明显落后，如何调动小组成员的积极性成为他要学习的课题。

从小组长，到技术部副经理、经理，到研发部副经理、经理，八年时间，李冰完成了自己职场的蜕变，从一个喜爱技术，精于技术的技术人员转变成为一个不但在技术方面有丰富经验，同时也有着丰富管理经验的市场部总经理。此时他来往的圈子已经是各家公司的老总，各企业核心部门的一把手。当他来往于这些精英之中的时候，他再也不会感觉任何的拘束和不安。同时，和他们在一起聊天的过程中，经常能学习到很多当下最新的技术，最先进的管理经验。这些人偶尔不经意的一句话，对李冰而言，都有可能是很难得的知识，很宝贵的经验。他经常在老总面前感慨，想想自己几年前刚进入公司时的那股傻劲，真是有点可笑。

职场便是如此。当处于某一个岗位时间太久，我们的眼光，我们的人际网络始终都是围绕着这个岗位展开的，工作上很难与不相干的同事发生交集。但如果我们的岗位在不断地往上走，不断地发生质的蜕变，不断地走向更高的山峰，这时候能看见的便不再是简单的一望无际的平原风景。

第九章

互惠共赢，双赢风生水起

如果我们不能做到和圈子里的人有对等关系，总是希望别人付出，自己索取，那这个圈子的大门很快会向你关闭。

人投我以桃，我须报之以李

人际交往，要懂得投桃报李，知道互惠共赢。当今时代，共赢是每个人都不可避免的话题，因为我们需要别人的帮助，而别人又愿意帮助你，这样你才能走得更远。

英格兰有一个农夫，名叫佛莱明，家中贫困，无奈只能住在荒郊野外的一个自己搭建的小茅屋里。这一天他正在田里卖力干活，忽然听见不远处的沼泽地里传来急切的喊救声。佛莱明扔下手里的农活，赶紧往发出声音的地方跑去。那是一片不是很大的沼泽地，但却无人敢去，因为沼泽地非常松软，而且深不见底，经常有动物跑进去，没多久就陷了进去，再也没有上来。

住在附近的佛莱明非常清楚。他来到沼泽地，看见一个小孩惊慌失措地在沼泽地里挣扎，此时沼泽已经没到了他的胸口，再不及时救上来，这片沼泽很快就会夺走他的生命。佛莱明赶紧想办法将小孩救了上来。第二天，当佛莱明要去农田干活的时候，门口来了一辆豪华马车，马车上下来了一位非常绅士的男人，看样子很有地位，家庭非常不一般。男人问佛莱明昨天是不是救了一个小男孩，佛莱明老实回答是。这个男人赶紧向佛莱明表达了谢意，他就是那个小男孩的父亲，并说："是你救了我的儿子，所以无论如何我都要报答你的恩情。"

佛莱明没有想那么多，回答说："不用了，我真的不需要，我当时也没有想过什么回报。"正说话的时候，佛莱明的儿子从屋里出来了，问他爸爸来人是谁。那个风度翩翩的绅士看见佛莱明的儿子，问他，"这是您的儿子吗？"佛莱明骄傲地回答说是。绅士点点头说："如果您相信我，我将给他提供和我的儿子一样的教育，我想他将来肯定会成为像您一样具有美德的人。"佛莱明想了想，答应了绅士。

佛莱明的儿子被送进了当时最好的学校，之后毕业于伦敦圣玛丽医院医科大学，他的名字叫亚历山大·佛莱明。他发明了一种东西，名叫"盘尼西林"，又名"青霉素"，就是这种东西救治了不知道多少人的性命，从此亚历山大·佛莱明这个名字被历史牢牢记住。几年以后，那个绅士的儿子再次遇到了危险，他得了很严重的肺炎，而救活他的正是亚历山大·佛莱明发明的青霉素。

这个被救活的年轻人也有一个享誉世界的名字：温斯顿·丘吉尔！

我们经常能见到一类人，他们得到了别人的帮助，却不知道感恩回报，他们明明是在别人的扶持下走上了更大的舞台，却把当年扶持他的人忘得一干二净。我们也经常能见到一类人，能共患难，却不能同富贵，当他们走上了事业的高峰，就将曾经和自己一起打拼的人踩在脚下。人们不喜欢这类人，更不愿意和他们相处。

他们不懂得投桃报李，不懂得报恩，不值得我们交往。孤立的人，总是难以在人生的道路上走很远，因为人总需要帮衬，需要扶持。

无论在生活中，还是职场里，人都要学会投桃报李。什么是投桃报李？就是别人给我们提供了帮助，我们要记住他们曾经的援手，记住他们曾经给予过自己的支持。有同事帮你解决了工作上的一个难题，当他面对难题的时候，你要冲上去，站在他的身边，和他一起面对。这不仅是对对方实质性的回报，更是对对方的一种感情回报。

一天，一个女孩子在单位大发脾气，对一个年轻的男同事狠狠地发了一次飙。事情很简单，那个男同事经常让她帮自己打印文件（这个男同事不是她的上司，彼此是平级的同事关系）。女孩子一开始并没有觉得有什么问题，举手之劳。但几次下来，她就觉得事情不是很对头。这个人怎么连句谢谢都不对自己说呢？是忘了吗？但也不可能每次都忘了吧。所以那次她实在忍不住了，就对那个年轻的男同事吼了起来：“你妈没有教你对人说谢谢吗？你凭什么来指使我？每次帮你打印文件你连屁都不放一个（一个女孩子说出这样的话，想见她有多生气），我凭什么理所当然地给你干活？你说，你说啊？”

我从办公室出来，看见那个年轻的男同事傻呆呆地站在那儿，脸憋得通红，一句话都说不出来。我没有出声。我想他是该受点教训了。

说一句谢谢，这是对别人的尊重，是自己感激之情的表达，并没有让你做多么过分的回报，也没有让你有任何实质性的付出，就是让你对别人的劳动给予一种安慰和尊重。即便是很小的事情，简单的一句谢谢也很有必要。这些他都没有做。换个角度想想，如果你帮助了别人，他没有任何表示，你会有什么反应？心里会怎么想呢？

人们在生活中要学会很多东西，明白很多道理，有些错误小孩子都不会犯，成年人却经常在犯，比如不懂得说句谢谢。小孩子在对方给予了自己帮助时，都会觉得有必要给对方一点同样的帮助，但成年人中有不少将别人的帮助当作理所当然。

我们要记住的一点是，这个世界上没有人能像自己的父母一样，无条件地为你付出，他们在帮助你之后，可以不要求你做出任何回报。但你要记住，我们身处的是社会这个大圈子，而不是家庭那个充满了无私、充满了爱的地方。社会是讲究你来我往的地方，是讲究人际交往的地方，是竞争日益激烈的地方。如果我们不能做到和圈子里的人有平等关系，总是希望别人付出，自己索取，那这个圈子的大门很快会向你关闭。

强强联手，“蛋糕”才能越做越大

联合，这是今天很常见到的一个词语，在各行各业都屡见不鲜。尤其是强强联合的模式，每一次这样的联合都能在业内刮起一股风潮，带动一种风气。强强联合往往能给人一种指引，一种方向感。当我们看见某两家或者是几家大型“势力”联合在一起的时候，很容易联想到一个词：大。

大在什么地方？这个大不是表面上的规模变大了，而是这个行业在变大。这才是大的题中之义，这才是大的宗旨所在。

2001年，中国加入WTO后，与世界的联系越来越紧密，随之而来的是对英语人才的极度需求，以此为背景，教育市场兴起了英语热，越来越多的人步入到学英语的大潮中。各行各业对英语人才的需要和储备，让这个本来不被关注的行业渐渐走进了人们的视野。

火爆的英语学习潮流，带来的自然是周边产品的紧俏。数不清的英语学习者为这个市场注入了越来越大的活力，巨大的商机开始隐隐出现。复读机便在这个时候走进了千家万户。在2000年的时候，学习英语，能有一个复读机是潮流的标志。复读机本身也有很大优势，能跟读，能记录，能复读，对于英语听力的提高能起到很好的帮助。所以，很多人都选择在学习英语的过程中为自己买一台复读机。

不过很快，这种英语学习工具便走到了穷途末路，商家的利润下滑严重，而英语电子词典的弊端非常明显，它只能学习单词，发音是个问题。英语学习如果不会发音，还是等同于哑巴英语，聋子英语。

在这个背景下，2002年，我国英语教育市场上一种全新的产品横空出世，它便是“ee星”英语单词学习机。这种单词学习机发音纯正，可以循环朗读，单词拼读，还派生出30多种英语单词的学习方法，专门针对中国人学英语记单词难这一特点研制。这种机器可以让英语学习者在很短的时间内记住所学单词，还可以让人们掌握如何更有效地记住单词的方法。

这是一种理念上的创新。就是因为这种创新，中国的英语学习产品市场发生了翻天覆地的变化。率先提出这一理念的是“劲牛”数码单词学习机。它最先向商家展示了这样一个产品理念，同时“劲牛”也是“ee星”的前身。它的这一理念不但颠覆了以往英语学习机的理念，同时也改变了英语教学的理念。

但仅靠“劲牛”来改变当时的英语学习机市场，实在太困难。如何让这种理念深入人心，如何将英语单词学习机这块“蛋糕”做大，是“劲牛”需要考虑的问题。同时，一个公司的技术创新能力，市场推广能力是有限的，很难真正将全新的理念带到市场上去，被更多人接受。2003年，“劲牛”携手“XX星”，用OEM/ODM(OEM:

贴牌生产，自己设计，拿到别的厂子的流水线生产，比如富士康代工苹果手机；ODM：原始产品设计商，后来有厂家看中这个设计，协商后贴上自己的牌子）的形式开始向市场投放“XX 星”英语单词学习机。

刚一问世，这种英语单词学习机就受到了广泛好评和消费者的一致认可，在市场上取得巨大成功。投放市场的机器热卖的同时，整个行业沸腾了，商家看到了这种英语单词学习机的巨大市场，各大教育机构开始效仿。这块市场“蛋糕”越做越大。

强者与强者合作，将各自的优势放在一起，取长补短，才能实现 1+1 ＞ 2 的效果。参与的各方都可以从中享受联合的利益。只有强强联合，才能在业内实现轰动性的效果，才能给业内带来震动，才能得到人们的关注。

我们经常能看见一些很有创新性的年轻公司在创立后不久便面临倒闭，这种新闻屡见不鲜。他们往往能提出很具前瞻性的概念，他们提出的理念在业内往往非常领先，但很可惜，最终没能取得成功。

在面临一些选择的时候，人们有时候往往看不到更大的方面，而只从眼前利益出发，不太愿意将自己的优势拿出来和别人共享。当他们发现自己找到了一种能在市场上取得巨大成功的技术、产品、服务时，他们大多想的是已经取得成就后的荣耀和满足，而不是思考如何才能取得真正的成功。

事实上，一个市场的兴起，不是靠一个人、一家公司能做到的，它需要更多的人力物力，更多的资源，做出更多的努力，才有可能让人们看到你的东西，认可你的想法。这个过程才是真正的挑战。我们如果要从自己的成功上取得更多的利益，那就必须让这个行业“火”起来，让这块“蛋糕”大起来。只有这块“蛋糕”大了，你才能从中分到更多。如果说我们自己闷着头做事情，能得到的好处是 1 个单位，而这个市场的容量就是 1 个单位，那就意味着你自己独享了这块“蛋糕”，表面看起来很不错。事实上，这1个单位且不说它的多与少，就是它能存在多长时间都是问题。所以，我们面临的问题不仅仅是守住“1”，而是能守多长时间。

相反，如果我们找到合适的伙伴，通过优势互补，一起将这个1变成10，变成100，甚至1000，实现这个目标之后，可能我们在市场上取得的份额从以前的100%变成了现在的30%，但不要忘了，这个30%较之以前的所得，要大太多了。

但我们要选择的对象也是“强”者，可以是技术上的强，可以是推广上的强，只有这样的联合，才有可能真正做大“蛋糕”。如果找到的伙伴既没有技术优势，也没有推广优势，这样的合作便失去了意义，甚至能让一个很好的创意胎死腹中。

朋友变身合伙人，请注意角色转换

有一部电影叫《中国合伙人》，以我国某著名英语培训品牌创始人为原型，讲述了他和他的两个大学好友一起创业的故事。

片中，当三个年轻的朋友为了理想在一起艰苦创业的时候，没有出现问题，他们在艰苦的环境下一边畅想未来的美好时光，一边在自己最擅长的方向上探索前行。沸腾的激情在岁月的流逝中变成了实实在在的钞票，他们都不再是一文不名的穷小子，而成为坐拥相当财富的成功人士。

随着在事业上越来越顺，其中两人发生了分歧，最终在事业风生水起的时候，三个人分道扬镳。原本亲密无间的朋友，因为事业聚在一起，又因为事业彼此分离。

类似的例子在生活中不胜枚举，关系再好的朋友，一旦成为事业上的伙伴，很多人都不能适应这种转变，不能及时调整心态。在一起努力为事业打拼的时候，大家都坚持认为是友谊将他们聚在一起，存有这样的想法，在创业初期的时候没有问题。一旦真正为了事业坐在一个办公室里，那个时候，事业合伙人才是办公室里的正常关系。把角色从亲密无间的朋友变成因利益而交织在一起的“股东”，需要很长的适应时间。

我们别无选择，必须面对这种转变。

很多例子都表明：无论关系再好的朋友，一旦成为生意上的合伙人，彼此间的友谊很容易受到伤害。有太多例子都可以证实这个让人失望的结论。人们最初的友谊可能会因为一个生意而不欢而散。如何阻止这种情况发生，是每个想要和朋友合伙共谋事业的人需要认真对待的问题。

电影中，三个年轻的伙伴虽然因为意见不合而最终分离，但他们曾经的事业却取得了巨大成功。总体来说，这还算是一个比较完美的结局。但有多少人能像他们一样，最终到了事业成功的时候才分开呢？

可以说，朋友是我们事业发展最好的人选。说最好，因为朋友是我们最能信得过的人，是我们最可依靠的人，是经过常年磨合，知道彼此性格的人。和朋友在一起做事，能最大限度地达到默契，提高工作效率。心往一处想，劲往一处使，很容易做出成绩。

但他们同时也是最不好的人选。工作上总会出现分歧，在事业发展的道路上，总会出现一些需要决策的问题，需要有人拿主意的问题，需要有人拍板的问题。当人们面对这些问题的时候，要做的就是选择。在最好的解决方案中选择一种自己认为最合适的。问题是，我们的看法往往无法统一，即便是朋友也如此。

朋友间的合伙，较之家族企业，其实更难协调彼此关系。维系一个家族，靠的是彼此的血缘关系，这是天生就有的亲密关系，而朋友是自发组合起来的。当大家坐在一起，需要为事业打拼的时候，彼此的关系除了友谊，还有经济、利益、法律等关系。当这些关系变得复杂而不明朗的时候，矛盾将很难避免。

如果要保持这种事业上的友谊关系，角色的转变至关重要。只有我们的思想转变了，很多问题才会得到完美解决；只有我们的思想转变了，我们才不会在这种执拗的误区中越走越远。

要转变。转变什么？转变自己的看法，凡事从事业发展的角度考虑，而不是从彼此的友谊出发。这就是转变的根本，如果能把自己的思想从这个迷雾中抽出来，那么即便是朋友合伙，彼此的友谊仍然能保持得很好。

美国有两个一起创业的女性，她们的关系很好，合伙开了一个公关公司，生意做得很成功。多年以后，她们受邀接受了很多媒体的采访，因为她们的确做到了很多人无法做到的事情。

其中的一位说，当初将她们两个连在一起的是彼此的友谊，这一点她们有很清晰的认识。当生意中出现问题的时候，她们会静下心来，从问题本身出发，以一个员工的身份思考她们生意上碰到的难题，这样就不会因为友谊而混乱了彼此的思绪。这就是彼此能长期保持良好友谊的原因。

所谓角色转变，就是将彼此的朋友关系，暂时封存，纯粹以员工或者股东的身份，从事业发展的角度出发，看待分歧。看法不一致，是正常的，有思想就会有碰撞，碰撞的结果往往都是好的。如果能客观对待彼此的责任，理性看待彼此在事业中的成就，凡事以公司的利益为重，那么即便是朋友变身合伙人，友谊也会长存。

通过朋友做生意，务必“约法三章”

生意场上，人际关系非常重要。做生意，从某种程度来讲就是找合适的伙伴，通过建立良好的合作关系达到双赢。如果单方面获得利益，这种生意关系不可能建立，即便获得了一时的成功，也是杀鸡取卵，涸泽而渔。关系在生意上的重要性就像水与鱼一样。没有水，鱼将无法生存；没有关系，生意也将无法进行。

无论是在外跑业务的业务员，还是自己创业，在谈生意的过程中，如何找到更多的门路是大家都头疼的问题。如果能通过朋友将生意做成，那将省去我们很多时间，大大提高工作效率。但通过朋友做生意，也存在着一定风险。这种做法本身不存在问题，可是若处理不当，对友谊的伤害可能是致命的。

一次和一个客户吃饭，他谈起自己年轻时做生意的经历，不禁大发感慨，感叹现在年轻人简直太不把朋友当回事了。这个人是我从业务员做起时认识的一个生意人，生意做得还算成功，十几年来稳扎稳打，极少出现大的问题。我听他这种感慨很吃惊，问他为什么会无缘无故说起这个问题。他说起了发生在他身上的一件事，让他非常恼火。

事情是这样的：圈子里，他有一个关系很好的朋友，也是同行。这个朋友的儿子两年前进入这个行业，开始接手他爸爸的生意。因为他的那个朋友身体不行了，经常生病，一天不如一天。一次，这个年轻人找到了我的这个客户，想通过他进一批材料，这批材料其实那个年轻人可以自己通过相关的渠道获取，但由于时间紧迫，他年纪轻，资历浅，在业内并不是很受信任，所以便求助我的这个客户，希望能通过他的关系尽快搞到。

因为和那个年轻人的父亲有近二十年的交情，那个年轻人又是他看着长大的，所以我的这个客户就答应了。他动用了自己都不怎么舍得动用的关系，在最短的时间内为那个年轻人搞到了那批材料，一切都很顺利。但半个月以后对方打来电话质问我的朋友，发了很大的火。原来那小子搞到材料后，以材料不合格为由，扣了对方将近 1/5 的款项。

我的这个客户对我说，当时他气得七窍生烟，没想到那个看上去老老实实的年轻人竟然用这样的手段坑自己。他明明知道自己不会因为这件事诉诸法律，肯定在事前就算计好了。后来得知，他的公司的确是因为资金上出了问题，才不得已想到了这样的下作办法，但这种行为让我的这个客户十分受伤。尽管事后那个年轻人也向他道了歉，他父亲也表示了歉意，但我的这个客户却怎么都不愿意再和他来往了，两家二十年的关系被一件并不是很大的事情硬生生打碎了。

这个例子其实十分极端，生活中类似的事情极少发生，但极端的意义在于它让我们看到了事情的严重性。通过朋友做生意，本身就有人情的意味在里面，因为有某种关系的存在，生意才得以成功。如果因为一次生意而断送了彼此的关系，是很不明智的。

通过朋友做生意最好能在事前“约法三章”，即便不说出来，自己心里也应该有杆秤，知道该怎么做，不该怎么做。

第一，不能做坑害朋友的事情。生意成功与否，很大程度上取决于彼此对利益做出的考量，朋友只是起到了促成的作用。朋友在这个过程中担任的角色是媒人，牵线搭桥，提供的是一个机会。我们要做的是把握住这个机会，而不是借用这种机会行坑蒙拐骗之事。在这个过程中，从一定意义上来讲，朋友担任的是保证人的角色，对方是基于对朋友的信任才选择与你合作。所以一旦合作关系确立，我们要做的就是尽可能地提供最好的服务，保证最好的质量，信守承诺，以诚信赢得对方下一次合作的可能，同时这也是对自己朋友的一个交代。

第二，不能过河拆桥。做人要做一个厚道的人，而不能见利忘义、过河拆桥。朋友给我们在生意上找到了合适的伙伴，提供了有价值的信息，或者是给了我们直接的资源，比如渠道，等等。这是无私的帮助，是友谊的体现。在接受了帮助之后，我们要做的第一件事就是感谢。因为有了他们的帮助，我们才能在生意上越做越好，越做越强。这是源于对他们帮助的感谢，同时也是为人处世的基本准则。哪怕是在朋友的介绍下认识了某个重要客户，后续的生意是通过自己的努力达成的，我们也不能忘了当初的引荐人。没有他，就可能没有你后来的合作。饮水思源，不能忘记曾经给过我们帮助的人。

第三，应该互惠互利。生意是由人做成的，生意场上存在着各种各样的关系，各种各样的利益。我们得到了朋友的帮助后，不能忘了要给对方一定的回报，这是必要的，也是理所应当的。同时在必要的时候，也要及时给予朋友相应的帮助，如此循环，真正建立一个良性的互动。有些给我们提供帮助的朋友本身并不在生意场上，他们的帮助中可能并没有多少私心存在，但这并不能妨碍我们对这种帮助给予回报。在利益交织的过程中，最好的方式就是分配好各自的那一部分。

说是“三章”，其实不止。这只是一种笼统的提法，在实际生活中，有很多细枝末节同样重要，方方面面都要照顾到，尽最大可能考虑周全。这一方面是出于对友谊的保护，同时也是对个人信用、个人品牌的保护。

通过生意交朋友，在互利的关系中发展感情

建立在友谊基础之上的生意，和建立在生意基础之上的友谊，哪一个更坚固？第一次遇到这个问题的时候，我还是刚刚踏入社会的大学生，对一切都懵懂无知。多年后，当我再次面对那个答案的时候，才真正体会到里面蕴含的深刻道理和处世的学问。

答案，后者更坚固。

一开始我很不理解。因为，当时在我看来，在友谊基础上做生意，你好我好大家好，岂不是很坚固？而后者呢，那种关系是建立在利益基础之上的，这种友谊能坚固吗？我很天真地认为那是不可能的。但事实证明天真的无知在于不懂得人情世故。友谊中间一旦掺杂了利益的成分，这个度该如何把控，是非常考验人们智慧和经验的一件事，稍不留神就有可能朋友变陌路。我们经常能听到关于朋友合伙做生意而闹翻了的案例，也经常能听到不少朋友因为利益问题而争吵不休的事实，但我们却很少能听到因为生意来往成为朋友的人翻脸的情况。这种感情是在长期互惠互利的基础上产生的，相对于单纯依靠友谊获得利益来说，它的基础要牢固很多。

生意上的合作伙伴，如果你能将对方变成自己的朋友，差不多说明你的生意做成功了。因为想让对方确认这种关系的建立有一个必要前提，那就是

对方在与你合作的过程中得到了实惠，得到了利益。也就是说这种关系的建立有了良好的存在条件。它经过了一次次的考验后最终成型，这样的关系往往是不容易破碎的。

随着我在商业活动中的经历越来越丰富，知识积累越来越多，才知道最开始那个问题的答案是源于石油大亨洛克菲勒的一句话："建立在生意上的友谊远比建立在友谊上的生意来得好。"

最初进入公司时，我就开始了跑业务的生涯。每天的工作就是拿着公司的产品资料去各家公司推销。每天都是这样，日复一日地重复着单调而乏味的生活。

最糟糕的是，没有业绩。我发现，没有人愿意听我多讲哪怕一句话，他们似乎对我的产品缺乏任何兴趣。月底的时候，我才知道，别人不是对我的东西没兴趣，而是对我这个人没兴趣。事实上，那些老业务员们做得很好，很多人看似不怎么工作，却可以轻松完成任务。当时经理经常告诫新人的一句话就是，什么时候你的客户成为你的朋友了，那么你的日子就好过了。年轻的我当时心想，这根本就不可能，他们哪能愿意和我做朋友呢？经销商只关心我能给他争取多少福利，只关心我能给他多大的折扣力度，只关心什么时候可以为他提供推广资源。

想到这里的时候，我当时似乎想明白了什么。我知道自己的症结在哪里了。我总是在试图说服那些经销商在他们的店里出售我们的产品，而不了解他们真正关心的问题在哪儿。我总是站在自己的角度考虑问题，从来没有想过他们关注什么。如果我能从他们的角度去看问题，那么事情可能是另外一番样子。

明白了这个道理之后，我再见那些经销商的时候不再对自己的产品夸夸其谈，而是告诉他们，如何才能依靠他们现有的资源赚取更多的利润，挣更多的钱。我成功了！他们对我的话题表示了极大的兴趣，我们的谈话内容渐渐多了起来，我们的互动开始多了起来，他们开始向我倾诉作为经销商的种种难处，开始跟我诉说做生意过程中的种种难处。

事实上，当时的我，是没有那个能力帮他们赚更多钱的，但我能做的是让他们知道一旦上架我们的产品，那么我将开始和他们一起努力，一起在这个市场上将我们的产品打出去，一起占领更大的市场份额，我承诺他们我能做到的最大的优惠，给予他们最大的帮助。我做到了。很快开始有人尝试着推销我的东西，我便整日在他们的店里，帮助他们的销售员销售我们的产品。晚上我给他们的一线销售员做产品培训，回去给这家经销商申请更多资源，从折扣到推广，我一直和他们在一起。

成效显而易见，在产品本身有优势的情况下，加上我的勤奋，产品很快就打开了销路。经销商对我的称呼开始从“小 ×”变成“×经理”。一次在和他的同行吃饭的时候，他介绍我说，这是某某厂家的业务经理 ×××，他很不错，你们可以考虑进一些他们家的货。我当时就知道，我差不多成功了。

直到今天，我仍然和我的第一个客户保持着良好的关系，而且不再简简单单是业务上的合作关系，而是变成了非常好的朋友。他身边的那些同行们我都非常熟悉，因为我们也是朋友。局面就是那样打开的，之后的路显得顺利了很多。

人是有感情的，这种感情的培养在不同的环境下有不同的方式。生意场上，利益当前的时候，我们需要让对方看到实实在在的好处，真正能让他们在与我们合作的过程中得到实惠，在有利于自己的同时实现共赢。这才是最完美的结果，也是做生意必经的一个环节。将合作伙伴变成朋友，甚至你可以将顾客变成朋友，那样的话，生意将会容易很多。

擦亮眼睛，谁才是可以“共赢”的人

生意也好，生活也罢，职场也罢，我们都希望找到那个能和自己共赢的人。对于自己来讲，找到他们既意味着一种机会，也是一种资本。共赢的关系一旦建立，对于自己的事业帮助不言而喻，他们不再仅仅是我们的伙伴而已，还有可能成为我们终生的朋友。但并不是所有人都是理想的对象，有几类人是不能和我们“共赢”的。

第一，刚愎自用的人。《三国演义》里有一个非常经典的故事，诸葛亮挥泪斩马谡。中国人对这个故事多数都耳熟能详。马谡本是个有才华的人。守街亭的时候，副将王平一再告诫马谡，山上扎营无异于自杀，一旦敌人来袭，将全面溃散，因为无处可逃。自以为深谙兵法的马谡则认为，自己的方案是最合适的，置之死地而后生。可实际情况是，被敌人围困之后，蜀兵不但没有置之死地而后生的果敢，就连逃命都没有地方可去，而且由于在山上，无处取水，士兵怨声载道。后魏军几乎长驱直入，蜀国面临莫大危局，如果不是诸葛亮临危不惧，大智大勇，演了一出空城计，后果将不堪设想。当初马谡如果能将王平的话听进去，断然不会出现街亭失守，自己被斩的结局。

如果纸上谈兵还不是什么致命缺陷的话，那么自以为是、刚愎自用、不听人言则直接将马谡送上了断头台，是他自己的缺陷要了他的命。

没有十全十美的人。在选择朋友的时候，我们不可能苛求对方什么都好，没有一点缺陷。现实生活中，如果拿这样的标准去衡量身边人，最终的结果只能是自己和自己“玩儿”。但是，如果要共事的话，有些缺点还是不能接受的，比如马谡的缺点。

现代社会仍然不缺乏这种刚愎自用、唯我独尊、自以为是的人。可能在表现形式上略有不同，但骨子里还是以自我为中心。这种人经常表现出一副自己什么都懂，而且什么都比别人更懂的架势来，在任何问题上他们都有一套属于自己的见解，最重要的是，他们坚持认为自己的见解就是对的，尽管没有任何有力的支撑。他们拿出的方案是最好的，打着大家商量的幌子，却行独裁的事实。他们喜欢发号施令，很享受做“领导”的快感，但却没有做领导的能力和胸襟。容不得不同意见，听不进合理反驳，凡是他认定的事，就必须一丝不苟地按照他的路子走下去。这样的人，绝不能与他们合作，不然吃亏之后，他们还会将责任推到你的身上。

第二，道不同，不相为谋。很多企业在用人的时候，第一件事就是问你对该企业理念的看法。不幸的是，很多没有经验的新人傻乎乎地真的以为他们是想听你的所谓高论，于是就大谈特谈自己真实的想法，结果在各项条件都符合的情况下却莫名其妙地被拒绝了。可笑的是，他们还不知道拒绝的原因。其实根子就在你对那个所谓理念的不同看法上。这个问题的标准答案是“我认可”。

他们需要知道的就是你的态度，至于见解，他们不需要知道，也不想知道。原因非常简单，只有大家想法一致，才有可能走到一起。志同道合的人，称为同志。如果不是同志，志不同道不合，在很多不需要出现分歧的问题上出现了分歧，这无疑是浪费人力成本，也是浪费时间。只有大家在理念上达成一致的前提下，才能更好地相处，更好地工作。

精明的商人总是能在最短的时间判断对方的思想是不是和自己一致。如果一致就有合作的可能，如果他的判断是彼此的看法很难取得统一，那他将不会再在你的身上浪费时间和精力。在最基本的问题上都没有达成一致，以后自然会在很多方面会发生各种各样的分歧。为了避免这种分歧的出现，那就在第一时间选择离开。

每个人都有自己独特的思想。成年人的思想已经非常成熟，改变起来尤其困难。如果彼此在理念上出现了根本性的差异，想要协调就会变得非常艰难。如果对事业的看法，对生活的看法迥异，那就很不容易达到共赢的效果。比如你想在事业上有突破，有创新，喜欢接受各种各样的挑战，但对方却偏偏是个保守派，多走一步，快一点都觉得前面是万丈深渊，这样的合作必然以分手告终。

第三，可以同富贵，不能共患难的人。这类人永远无法和任何人实现共赢。他们的心里就没有互惠互利，让彼此都取得良好结果的心理预期。也可以说他们是自私的代名词。合作必然面临如何分配利益的问题，而要得到利益必须有一定的投入，无论是时间精力的投入，还是资金上的投入，总要有一定形式的投入，然后按照投入的多少来分配自己的利益。但现实中，就是有一些人，他们总是在想各种办法，希望能用最少的投入获得最多的收益，他们甚至不太愿意投入。

在面临困难的时候，他们站在最后面；在分配利益的时候，他们的身影出现在最前面，而且理直气壮地认为这是理所当然的。这类人要果断与之绝交，他们非但不能成事，谈不上共赢，甚至是“坏事”的典型，再好的项目因为他们的加入都会变味。

合作，是时代的呼唤，是现实的需要。但在找到合适的人之前，不能随便拉个人当成伙伴。共赢是合作的前提，也是先决条件，如果彼此的合作不能实现共赢的结果，这样的合作将毫无意义，或者是有百害而无一利。

口碑有了，利益就近了

口碑营销是一种很经典的营销方式，这种营销方式的最大优势在于成本低,效果好。口口相传积累下来的品牌优势能在人们心中占据重要位置。比如，我们和朋友到电器城选家用电器，在诸多的品牌中犹豫不决的时候，朋友给出他的意见说，我家用的就是某某牌子的，质量很好，售后服务也很到位。

如果你听到了这样的话，你会怎么做？

正常情况下，相信我们都会听从朋友的劝告，选择和他家里一样的电器牌子。对于商家而言，口碑有了，利益很快就会到来。这种植根于人们心中的位置，其他品牌很难在短时间内替代。我们深信别人的选择，因为已经有成功的案例摆在面前，为什么不跟着成功的人走，非要去冒险呢？

营销盛行的今天，个人营销早已被人们不厌其烦地反反复复说起，再怎么说都不过分，因为它的确很重要。我们要适时推销自己，如何推销，推销什么,这是每个人都会面对的问题。答案其实很简单,就是推销个人“品牌”，积累良好的个人口碑。

口碑有了，利益就会送上门来。

生意人最重信用，这是安身立命的根本，如果一个商人在同行眼中失去了信用，也就意味着他的事业已经走到了尽头。

某品牌的一个省级代理商是生意信用非常好的一个人。我和他还是因为他的一个朋友间接认识的。他本人并不是我们的客户。但由于都是在商场上滚打的人，所以会有很多共同话题。谈话中间，他提到了一件非常值得注意的事情。之前他代理的不是这个牌子的产品，而是另外一个牌子，也是一个老牌子了，非常不错，质量过硬，售后也很好，做了几年感觉都还好。

正当他准备加大和这个厂家的合作力度的时候，发生了一件让人吃惊的事情。一年夏天，那个牌子的产品出现了大面积的问题，终端客户买回去之后，很多人出现了同样的问题。质量严重不合格，他的下级经销商的门店每天都会去很多要求退货的人，一时间生意无法继续下去了，他们只好找到了这个上一级的代理商。这样大面积的问题他之前从来没有碰到过，因为在选择产品的时候，他一直都非常小心，但没想到问题还是出现了。

加在一起，一共200多万的货出现了问题，货仓里还积压了100多万的货，正准备运出去。得知这个消息后，这个代理商立即通知本公司的业务员，暂时停止送货，同时立刻联系厂家。经销商那边的问题产品也在第一时间运回了自己的库里。问题暂时得到了很不错的解决。

没想到厂家对待那些问题产品的态度非常坚决：坚决不给退。他已经把货拉回自己的库里，就等着退给厂家，要么用这些货款换新产品，要么退款。没想到厂家的态度如此蛮不讲理。

“厂家的说法是，有问题就地解决，让售后的技术人员想办法。”这个代理商摇着头对我说：“我不可能将这些货再返回给自己的下级经销商的，那样的话我多年建立的信用就全毁了。无奈之下，我只能一个人扛了。一共近400万的货，售后处理了将近三年，等到他们处理好了，问题彻底解决的时候，这批产品在市场上早已经淘汰了。不说我当时的资金周转问题，就是这批货我就亏了100多万。”

不过他也笑着说：“我一点不后悔自己扛起那个责任，因为紧跟着我就断了和那个厂家的合作，改投别家。之前的损失其实我的那些下级经销商心里都明白，是我一个人扛了所有的难题，所以我换了产品之后，他们马上就跟着全换了。那批货我亏了100多万，但三年的时间，我换的那个品牌让我赚到了300多万！”

多年积累的口碑在巨大的压力下，并没有倒塌，反而更加坚固了。所以那个代理商得到了他应该得到的利益。而那个不负责任的厂家，我们都知道，现在还处于不死不活的状态中。本来是一线品牌，现在知道它的人已经不多了。

要想事业获得成功，重要的不是你知道什么，你有多大的学问，多聪明的大脑；重要的是，你是谁，他们是怎么看你的，你能从他们那里得到什么样的帮助，这才是决定我们的事业能否成功的最大奥秘。让大家知道你，知道你是怎样的一个人。当大家提到你的时候，有人说你是个守信用的人，是个乐于助人的人，是个务实肯干的人，是个兢兢业业、一丝不苟的人，是个值得托付的、有能力的人，是个能让大家放心的人……如果大家说出的是这样的印象，你在大家的口口相传中得到了这样的口碑，那么利益会自动走到你的面前，“到你的碗里去”。

第十章

人际互动，构架最有效的关系网络

良好的人脉圈子的建立是一项精密工程，严格、规范。很多人在构建人际关系时经常会做很多无用功，而他们自己还意识不到。

人际网络交叉重叠，如何游刃其中

人际交往的复杂性在于，我们要和不同的人打交道。每个人在社会上扮演的角色都不是单一的，比如，到了社会上，开始工作以后，我们的角色可能有这么几种：儿子（女儿）、爱人、父母、员工、领导、同学、客户，等等。每一个角色其实就意味着一个圈子，一种社交关系。人际网络不是一个点，也不是一个平面，它是立体的，是交叉的，重叠的。在这个立体的世界里，我们要处理与方方面面的关系，演好自己的每一个角色，对于大多数人而言，这个挑战还是很大的。

康熙，我国古代历史上一位非常了不起的皇帝，他在位的时间很长，同时也做了很多了不起的事情，比如灭鳌拜、平三番等。但在家事的处理上，他却也无计可施。他不想看着儿子们为了皇位而骨肉相残，但这样的悲剧却一幕幕在他面前上演。八爷党，太子党，四爷党，这些党派的存在让他焦头烂额，最终也没有找到高明的解决办法。对于我们平常人来讲，同样的问题也会存在。能处理好亲人之间的关系，不一定能处理好公司的人事关系；能和自己的同学、朋友相处甚欢，未必能在自己的职业圈子里得到应有的认可；能和自己的领导相处愉快，却不一定能和下属建立良好关系。

这是让人尴尬的事实。问题的关键在于，我们的人际圈子、人际网络可能是重叠的，以交叉的方式并行着。比如，我们的客户网络和我们的职场网络可能是交叉的，我们的职场网络和自己亲密的朋友网络也可能是交叉的，朋友网络和同学网络又可能是交叉的，亲戚网络甚至也可能和我们的客户网络交叉……社会就是一张大网，我们的人际关系也是一样，这张网看不见，摸不着，但却实实在在存在着。它对我们的生活产生着巨大的影响，也能对我们的事业产生巨大影响。如何在这个交叉的网络中左右逢源，游刃有余，的确是一件考验智慧和经验的事情。

第一，万勿背后论人是非，这是非常关键的一点。所谓闲谈莫论人非，静坐常思己过。来听一个这样的故事。

某单位有一个“大嘴巴”，没事的时候非常喜欢在别人的背后八卦，什么都能勾起他八卦的熊熊火焰。能说的，不能说的，他都说。终于，因为一次不合适的言论，他尝到了苦果。经过其实很简单。同是业务员，大家见到的客户可能是有重叠的。有一次，他在单位八卦他自己的一个客户，说那人身材特别矮，虽然开的是大奔，但本人却只有大奔的车门高。事后，他很快便忘了那次兴奋的演讲，但他的一个同事记住了。月底，同事便将“大嘴巴”的那个非常重要的客户变成了自己的客户。这个客户的意义是，只要签了他，每个月的基本任务就完成了，奖金就有了。等“大嘴巴”明白过来的时候，一切都晚了。

喜欢背后议论别人，而且非常喜欢在人前展现自己了解来的负面八卦的人，经常性地选择忘记一个重要的问题：你怎么能保证自己面前的这些人不会和那个人提起，哪怕是无心的？万一被你八卦的那个人知道了，你觉得彼此之间的关系，还能维系吗？而且，当你兴高采烈地认为大家会分享自己看法的时候，你可曾想过对面的那些人，他们在想什么？他们可能在想，你能在背后议论那个人，就有可能在背后议论他们。谁还敢和你建立长远而深厚的关系呢？

所以，我们要做的是躲在背后夸奖别人，而不是到处搬弄是非，说长道短。你的夸奖也会长上翅膀，飞到对方的耳朵里。

第二，厚此薄彼不重要，重要的是做得隐秘。人的一生总结起来无非就是四个圈：亲戚圈，同学圈，朋友圈，工作圈。四个圈子都交叉在一起的可能性不是很大，但其中两三个圈子交叉在一起并不奇怪。我们怎么对待圈子中的人，表明的是自己对他们的态度。这些圈子里的人，他们在我们心中的分量不可能，也不应该处在同一个水平，但这种不平却不能让对方明显地感受到。工作中，不可能每一个同事都是自己最亲密的朋友，有的人能成为这样的人，有的不行，但这层窗户纸不能捅破，一旦我们在人前将这种不平捅破了，问题就来了。

单位里曾经发生过这么一件事。一个同事在单位有一个特别好的朋友，两人关系很铁，两家的关系也因为他们的友谊而变得格外亲密，在单位大家都知道。很快，他的那个朋友结婚，他去了，单位的人也都去了。中国人对待婚礼的态度是，人可以不去，但礼金一定要到。他给了800块钱。很快，他的另一个同事也结婚了，他去了，礼金是200块钱。其实这个钱和其他人是一样的。但事后，他总是觉得那个同事在记恨他，原本还时不时地和自己开个玩笑，闹一闹，自从婚礼过后，这种情况再也没有发生过，而且有意无意地刁难他。其实很多人都知道原因，就他一个人蒙在鼓里。

第三，守得住秘密。和第一点不同的是，守住秘密的重要性在于给自己博得一个值得信任的美名。孔子说“人而无信，不知其可也”，就是说，一个人一定要讲信用。人人都有属于自己的秘密，这些秘密只能和自己最信赖的人分享，一旦他对你敞开心扉，将自己内心的秘密相告，就意味着你在对方心里的分量很重，他将你看成了挚友。万一有一天，你将他的秘密和盘托出，讲给更多人听，也就意味着彼此的关系终止，再没有复合的可能。同时，当别人专心致志听你讲述别人秘密的时候，他们也在掂量着一件事，那就是以后绝不能跟你分享任何秘密，因为你是个不值得信任的人。你的人生信用在大家眼里跌落到一个很低的水平。

与不同的人交往，给自己编织一个广阔的人际网络，这是一件很难的事情，很多人在这个问题上做得不够好，或者说很失败，直接导致了他们的生活、事业处处不如意。较之建立人际网络，如何将这个网络维护好，它的难度其实更大。如何能在这种交叉重叠的关系中找到自己的位置，建立良好的名声，获得大家的认可，得到众人的支持，做到左右逢源，才是最重要的事情。只有做好这件事，我们辛辛苦苦建立起来的人际网络才是良性的，才是能为我所用的。

人际“60分”，多是“无用功”

如果现在给你一张纸，让你对自己的人际关系做一个总结，然后打一个自己认为合适的分数，你会给自己的人际关系打多少分？

如果你不知道怎么去评分，那可能连60分都不到。也就是说，你的人际关系是不及格的。因为你在对待人际关系的问题上是迷茫的，无意识的，是被动的，还没有弄清楚自己到底想要什么。这样的人际关系是一团乱麻，扯不清。如果你不清楚该如何判断自己的人际关系质量如何，是不是及格，下面我们围绕“工作”这一主题，来检测一下。

·你认识的人中间，有没有能给你提供不错工作机会的人？

·你认识的人中间，有没有人愿意并且能给你的工作提出指导性意见？

·你认识的人中间，有没有人肯和你一起奋斗努力？

·你认识的人中间，有没有人和你心往一处想，劲儿往一处使？

·你认识的人中间，有没有人能为你的这份工作给出实质性的帮助？

就以上问题，我们检讨一下自己在工作方面的人际关系，看看是不是每一个问题都能得到肯定的答案，如果不是每一个，那么有几个问题的答案是肯定的？如果极少，说明你在这方面的人脉圈子质量不行，是不及格的。看似广阔的人际关系，人来人往的热闹场面，只能说明一个事实，那便是表面的“浮华”掩盖了实质的“无力”。

古人对于这种情况给出过一个精辟论断：酒肉朋友！什么是酒肉朋友？简言之，就是对我们的生活、事业起不到任何积极作用的人，哪怕是一句真实的话，他们都不会说起。这就是酒肉朋友。当然，低质量的人际关系并不总是因为酒肉朋友的存在，事实上，很多人既不是我们的酒肉朋友，也不能算进自己的人际关系里，因为他们起不了任何积极作用。

愿意并且有能力对我们的生活、事业产生积极影响的人际关系，就是高质量的人际关系，这种人际关系才能打出高分，打出让自己满意的分数。人们更多时候的感觉是自己不缺乏人脉圈子，缺的是高质量的人脉圈子。这是因为，我们在打造自己的人际关系时，做了太多无用功。好像不错，好像自己平时也很受大家欢迎，好像在遇到一些问题的时候，身边的人还是有的，好像他们也愿意和自己保持更深的交往，他们对待自己的事情好像还行。一切都是好像，一切都停留在还行的层面上。60 分，就是这种状态的分数了。

为什么是 60 分，而不是 50 分，或者是 70 分？因为无用功做得太多了。正如很多人所感受的那样，他们并不缺少朋友，该有的亲戚有，同学自然也是有的，同事间的关系还不错，朋友也有，虽然不多。表面看起来的确不错，所以能给60分，及格了，因为该有的都有了，一生中该遇到的人都遇到了。这样的及格关系对我们人生所产生的积极影响是有限的，是在没有任何规划的情况下被动产生的。它不是我们有目的、有计划、有选择打造的结果。它是生活强加给你的，是生活的赐予，而不是我们自己创造而来的。所以，这样的人际关系有没有质量，有没有能给出一个高分的理由，连我们自己都不清楚。

良好的人际关系的建立从来都不是一件容易的事。它需要我们花很多的工夫，用很大的心思，睁大自己的双眼，认真地辨别，小心地求证，经过严格筛选，精细比较之后，才能有一个属于自己的高质量的圈子。这种人脉圈子一旦建立，才真正有可能给我们带来意想不到的收获，也才真正有可能给生活、事业带来阳光，而不是阴霾。

良好的人脉圈子的建立是一项精密工程，严格、规范。很多人在构建人际关系时经常会做很多无用功，而他们自己还意识不到。瞎子点灯——白费蜡。如何建立良好的人脉圈子，以下两点可供参考。

第一，将不合适的人请出自己的生活。并不是所有人都适合成为我们人际关系中的一员，这不是鸡蛋里挑骨头，而是必须高标准，严要求，凑合的结果是没有任何结果，反而会给自己带来很多麻烦。孔子说君子不党，意思是君子不应该结党。原因是结党了，就意味着你成为这个阵营中的一员，在享受权利的同时，也要尽相应的义务。不知何时，你就可能受到牵连。

明朝时东林党受到阉党的打击，很多人因此枉送性命，因为他们是东林党，就被太监一派认定是和自己对着干的人。但其实并非所有人都是真正坚定的“反阉党”派。就因为他们站在了东林党的队伍里，被太监们当成了死敌。说这个事情是想说明一个道理，不是谁都能成为我们的朋友，也不是任何人都应该结交，不能本着所谓“兼收并蓄”的姿态对待身边的人。有的人不能交往，一旦发现，就需要在第一时间和他们划清界限，将他们请出自己的生活。

第二，人际关系的建立要有“目的性”。也就是说，我们在建立自己的人脉圈子的时候，需要经过一定的筹划，对自己未来的人际关系，要有自己的想法。比如，在单位你要和谁走得更近一些？是那些平时就碌碌无为，而且甘愿碌碌无为，享受平庸的人，还是那些勤奋上进，追求成功的人？是工作经验更多，阅历更丰富的人，还是和一帮子虽然年轻，有活力，但什么都不懂的人？是和自己的领导多走动，还是和下属多走动？……这些都是选择，选择的过程，是对比的过程，是淘汰的过程，在这个过程中留下来的人，才是我们应该积极想办法多交往的人。和他们建立更加良性的来往，让他们成为我们人际关系中的一员，这样的人际关系才是高质量的，能得到高分的圈子。

很多朋友总是在抱怨人际关系难处，现代社会人心冷漠，周围人自私，等等。他们很少反过来看这个问题，那就是这些问题为什么发生在你的身上，而不是所有人的身上？就是因为我们的人际关系质量低，表面看起来在很努力地做好自己，建立稳定的人际关系，其实这种关系的建立和自己没有太大关系，所以就会心生抱怨，恨天恨地，就是不恨自己。

我的圈中还缺少什么样的人

在建立朋友圈的过程中，我们要经常问自己一个问题：我的朋友圈中还缺少什么样的人？这个问题要经常在自己的耳边响起，它会提醒你，该交什么样的朋友，自己的朋友圈子到底是不是完善，如果不完善，还缺少什么样的人。

每个人都有四种圈子，从亲戚到同学，从同学到朋友，从朋友到工作，随着年龄的增长，这几个圈子会自然而然地来到我们身边。我们自觉或不自觉地就会融入这些圈子。但这样的结果并不意味着自己的圈子就是完整的，完善的，并不意味着你能在这四个圈子里拥有自己需要的人。可能，我们还没有想清楚自己到底缺少什么样的人。

如果你有上面的问题，如果你还不知道自己的圈子里还缺谁，那么可以对照下面几条，看看你是不是拥有了这样几类人。

第一，无条件支持你的人。生活中，职场里，如果你能碰到一个愿意无条件支持你的人，那就意味着你可能遇到了自己生命中的“贵人”。这个人愿意支持你，而且是无条件，说明对方已经完全接受了你这个人，他不但接受了你的性格，你的优点、缺点，最重要的，他对你的能力完全信任。每个人的生命中，都需要有这样一个人。你有吗？

第二，经常生你气的人，但从来不会真的闹翻。这样一个人，将是你此生最忠诚的朋友。生气，是因为在意你。这样的人，我们要珍惜他、感激他。因为他是真正在乎自己的那一个。试想一下，如果彼此没有任何感情，不管是友情还是爱情，他会生你的气吗？只能对你的行为报以礼貌性的微笑，然后在心里完全忽视。这是冷漠，较之生气，甚至较之恨，冷漠都更为残酷。

第三，愿意和你分享的人。什么是分享？分享不是一瓶酒两个人喝，而是开心一起开心，一份快乐变成两份；不开心可以找你倾诉，将你当成出气筒，一份忧伤变成一半，而他认为理所当然。这就是分享。分享就是愿意将他心里不会对别人说起的东西，赤裸裸地暴露在你面前。

第四，经常对你唠叨的人。提起唠叨，你第一时间想起了谁？对，就是自己的父母。生活中，对自己唠叨最多的就是自己的父母，除了他们，还有谁愿意对着你唠叨个没完没了？如果你有幸碰上一个这样的人，那么恭喜你，你找到了一个真心对你好的人。这个人将是你未来人生道路上最重要的

“预警机”。无论是你不规律的生活习惯，还是你不恰当的为人处世方式，还是你不知天高地厚的年少轻狂，还是你无知的自以为是，或者是你失意时的自暴自弃，或者是你得意时的踌躇满志，或者是你失败时的消极颓靡，或者是你成功时的过激冒进，等等，他们都会在第一时间给你提醒，给你警告，给你最严厉最无情的批判，或者是最温馨最热情的鼓励。他们不会在乎你能不能接受，在乎的只是你会不会吃亏。

第五，能给你指导的人。如果说愿意无条件支持你的人是我们生活中的贵人，那愿意指导你，并且能指导你的人将是我们人生道路上最直接的导师。无论是生活中，还是工作中，我们都会因为自己的少不更事而撞得头破血流，这个时候，如果能有一个既有经验，又愿意来给你建议的人，那将是上天对你最大的恩赐。这就是为什么很多员工在对待领导的问题上可能并不是很在意，但对曾经带过自己的“师父”非常尊敬的原因，因为是他们带着自己走上了一条专业的道路，是他们让自己少走了很多弯路，少犯了很多错误，节省了很多时间。能给你指导的人，并且真心愿意给你指导的人，尤其是在工作上，不可或缺。

第六，懂得欣赏你的人。这样一个人，不一定是你的伯乐，但他肯定会让你找到自信，他们的存在能让我们感受到自己的存在感，价值感，不会觉得自己是个一无是处的人。可能工作上暂时还没有出成绩，这是因为经验积累不够，或者是专业知识还没有熟练的缘故。但这并不意味着自己就是个无能的人，或许此时的你弹得一手好吉他，或许你的书法不错，或许你歌唱得很好，或许你很有绘画天赋，或许你的语言表达能力很强……总之，这个人能发现你的长处，懂得欣赏你，能看到你身上别人看不见的优点。生活中，有这样一个人，该是多么幸福的一件事。

第七，信守承诺的人。什么是信守承诺？简单说就是答应你的事，他做到了，每次答应的事，都做到了。如果是他能力范围之外的事，这个人会直接告诉你“对不起，这件事我干不了”，他不会因为担心你伤心而信口开河，夸下海口，最后才告诉你，你托付的事，没办成。答应的事，要能做到，做不到的，他不会答应你。这样一个人，不能缺少。你从他身上可以找到一种东西——安全感。

第八，愿意为你付出的人。这类人不会要求你什么，就是默默地为你付出，不求回报，无怨无悔，不计较利害得失。这样一个人，我们称之为伴侣。

对照上面八类人，反观自己的人脉圈子，是不是突然发现，自己的圈子里好像缺少了一些？如果是的话，要努力了，因为这些人并不容易找到。要找到他们，需要用上我们的真情，用心结交；需要冷静和理智，面对这些人的指责；需要包容的心，去容纳他们的棱角和你不能接受的缺陷。

朋友可能是一根藤，但绝对不是靠山

假设你现在要做一个选择：给你一根拐棍，让你一辈子拄着拐棍走路，或者是花点时间学习走路，你选哪个？

如果你还正常，相信给出的答案肯定是扔掉那个讨厌的拐棍，花一段时间学习走路，然后迈开大步，昂首挺胸，像其他人一样行走在人生的道路上。这就对了，没有人希望自己成为一个只能依靠“外物”生活的人。人们都有一种倾向，希望能展现自己的能力，得到大家，得到社会的认可。这是人类的精神需要，是自我认可的一种本能需要。

实践往往会和理论发生一些偏差，在这个问题上也没能例外。最明显的例证是，当我们面临困难的时候，第一时间想到的往往是，天啊，谁来帮帮我吧，而不是在第一时间想，我要一个人把这个问题解决了。人们总是倾向于面对问题的时候有人帮自己一把，而不是思考自己如何能将这个问题解决。这种倾向发展到极致，就成了今天的局面：人们会认为有人帮助自己是理所应当，本就应该如此。所以，当一个问题摆在面前时，我们首先在脑子里把自己认识的人过一遍，看看谁能伸出援助之手。

佛教里有一个故事。

释尊年纪大了，身体一日不如一日，终于有一天他病倒了。万幸，经过很长时间的调理，他慢慢恢复了。释尊病好以后，他的弟子阿难如蒙大赦般对释尊说："师父，您知道吗，您老人家病倒的时候，我是多么伤心。同时，我又是那么害怕、紧张。那段时间，我觉得自己的天都要塌了，简直是天昏地暗，我觉得自己的身体好像也出了毛病，整日没有精神。我总是在安慰自己，您老人家还没有将很多大事交代完毕，不会就这么离开我们的。只有想到这儿，我的内心才能稍稍平复。您知道，我是多么害怕啊，没有了您，我们该怎么办呢？"

释尊平静地听完阿难的诉说，柔声对他说道："阿难，你是在紧张什么呢？还是在期待什么呢？你们都知道，我在平时对你们没有任何隐瞒的地方，该教给你们的，平时我都教给你们了。如果你们把我当成你们未来人生道路上的引路者，或者你们对我有什么依赖心理的话，那么如果我要死了，临死前跟你们说的，还是平常那些，不会有任何不同啊。"

释尊看着一脸茫然的阿难，继续说道："阿难，你现在最需要抓紧做的一件事情不再是修行，而是在你自己的心里点起一盏明灯，让这盏明灯照亮你未来的人生之路，而不是去依靠任何一个人。记住，不能依靠任何一个人活着，哪怕是我，也不行。”

释尊的话，是至理名言。我们每个人都要点亮自己心里的那盏明灯，要明白这样一个道理，自己的人生，唯一能让你依赖的就是自己，而不是其他任何一个人。

“坐在舒适软垫上的人容易睡去。”这是爱默生的名言。他用生活中最常见的例子给我们阐释了一个深奥的道理：外部环境的舒适，可以毁了一个人。当你坐在冷冰冰的椅子上，即便有很浓的睡意，也很难睡去，只能强打精神，干自己该干的事情。这个“软垫”就是在生活中能给我们提供帮助的那些人。出现问题了，他们出现了，只要他们出现，我们的问题就解决了，一遇到问题，就有人来为你善后。久而久之，这种不需要个人付出的，不需要经过任何痛苦磨炼的生活彻底消磨了我们的意志。它就像一味慢性毒药，慢慢地吞噬我们心中的拼搏火焰。最终，那团还没有壮大的火焰变成了一堆灰烬，而这个时候的我们，也变成了碌碌无为，好逸恶劳，习惯坐享其成，一无是处的人。

朋友，是可以借助的人，他们可以给我们的生活，给我们的事业增光添彩，他们可以帮助我们在成功的道路上走得更加顺畅，他们的确是我们生活、事业上不可或缺的人。但这一切都要建立在一个大前提上：你是一个能扶得起的阿斗！你有自己的能力，有自己的见识，有自己的判断，有自己的思想，有自己的基础。如果你什么都没有，如果你什么都不会，如果你什么都想在朋友的帮助下成就，那么，这个成就将永远不可能与你相逢，注定你会是生活中的悲剧角色。

工作当中能接触到很多大企业的老总，中小型企业的老板。在和他们聊天的过程中，我发现一个问题：这些人中间，凡是有子女的，他们都不希望自己的孩子大学毕业后就去他自己的公司上班。他们的说法基本一致，希望自己的孩子毕业后能先去别的企业干上一段时间，最好是私企，在那里，他们将能学习到人生中最重要的一课——独立。孩子到别人家的企业里，他这个做父亲的，就不好再干涉了。如果干不好，有背景也没有太大作用，大家的机会一样，平台也一样。在这样的环境下，能很好地锻炼年轻人的独立自主精神。

是的，就是独立自主。如此，他们才更能体会到独立自主对于一个人未来的重要性。过分依赖只能产生一个结果，彻底失去对自己人生的把控能力。

朋友，他们是一根藤，借着这根藤，我们可以走得更远，走得更顺。但朋友不是我们的靠山。假如友谊真的可以担负起完全照顾你整个人生的义务，那么，如果你的朋友失去照顾你的能力了呢？

圈什么，不如圈人才

葛优在电影《天下无贼》中从一个“偷儿”的角度，敏锐地看出了世界的变化，他说21世纪，人才是最宝贵的。我们难道还看不出来吗？如果现在问你，到目前为止你觉得自己生活中最有价值的几样东西是什么，你会怎么回答？

这是一个很经典，也很老的问题，每个人给出的答案不一样。一个经常失业，年龄已过40岁的中年男子在一家企业面试时，也碰到了这个问题。他给出了几个他认为自己最有价值的东西，其中一项是：我和这个行业里的很多人才有深厚的友谊，虽然他们不是国内最顶尖的。

依他的背景，没有多高的学历，也没有能让人心动的工作经历，但他被选中了，职位是总经理助理。上班不久，老板就告诉了他原因：认识行业里的很多人才。事实上，他的确认识自己所在行业的很多人才，和他们的关系都非常好，他之所以经常失业，是因为家庭问题，而不是他的个人能力问题。

市场竞争越来越激烈，一个职位甚至有成百上千的人在竞争，面对这样的环境，这样的现实，很多人觉得严重缺乏安全感。所以，人们选择了各种各样能让自己找到安全感的方式，比如炒房，有的人甚至贷款炒房，为的是能多赚一些钱；有的人在炒股，其实对股票是怎么回事还没有弄明白；有的人在拼命找兼职，一个人干三份工作，白天当公务员，晚上摆摊……人们希望能在这个竞争激烈，生存挑战严峻的社会多一些保障。单从这一点来讲，这些做法无可厚非，但那样做真的能行吗？

圈钱？钱会贬值；圈地？现在的楼市并不乐观，前景不能说暗淡，起码我们看见了李嘉诚先生有意无意从楼市撤资的举动，尽管他个人的解读是正常商业行为，但很多业内人士还是觉得这件事情没那么简单。看来，“圈地”或者说是“圈楼”也不可靠。这些都不是解决问题的根本性方案。怎样才能让自己更有安全感，怎样才能在这样竞争白热化的社会环境下得到最根本的保障？如果你的身边有一批非常优秀的人才，很多问题都将迎刃而解。

人才是什么？从某种程度上来讲，人才就是生产力，人才就是财富。这一点在商业上表现得非常明显。美国作为世界上唯一的超级大国，商业上取得了让人仰慕的成就，而他们之所以能在商业上取得如此伟大的成就，出现例如微软、谷歌、雅虎、IBM、通用、甲骨文等世界超级企业帝国，和他们对人才的重视有着直接的关联。

众所周知，美国有相当一部分高科技人才来自印度。对于这个问题，曾经担任过印度驻德国大使的马尔基先生说过这样一句话：德国人在印度人才引进的问题上差不多沉睡了十年，当他们醒来的时候才吃惊地发现，原来美国早已经将主菜吃完了，没办法，他们只能吃剩下的残羹冷炙了。

还有一个特别让人感慨的事例说明了美国人对人才的重视程度。

一个大企业的老总看上了一个年轻的工程师，这个工程师才华横溢，极富创造力和实干精神，而且非常敬业。他就职的是一家很小的科技公司。这个老总想尽了一切他能想到的办法想把这个年轻人挖过去，比如提供丰厚的薪酬，年终奖金，甚至干得好，还可以享受分红，升职、加薪更是迟早的事，但最终这个年轻人还是没有同意。这家大企业的老总非常不解，按理说自己提出的报酬远远大过他在那家小公司的所得，而且自己的公司规模远远不是那个小公司能比的，自己的平台要好很多，按理说他应该在接到邀请的第一时间过来面试才对。抱着这个疑问，这个老总找到了那个小伙子，问他为什么不肯答应自己。

小伙子告诉他，其实他非常想到这家公司去，但他不能离开，因为自己供职的这家小公司的老板是他的一个朋友，如果他走了，这家公司就跨了，为了朋友，他不能离开。

在很多国家，如果听到这个小伙子这样讲，可能作为大企业的老总不说小伙子年轻无知就已经算是有教养了，至于请他简直就不可能再考虑了。但这个老总不是这么干的，他听完小伙子的陈述后，顿时感觉轻松了。第二天，他宣布用100万美元收购了那家小公司。就这样，那个才华横溢的小伙子成了他的员工。事实上他的眼光是很准的，这个小伙子在很短的时间内就给公司创造了极大的利润。

美国老板对待人才的态度如此，我想这也是为什么美国的商业能如此成功的一个重要因素。

对我们而言，也是一样。任何一件事，任何一项事业，如果想要做成它，就必须找到更多的优秀人才，将他们变成自己的伙伴，将他们的聪明才智为我所用。

有了人才，就有了创造一切的可能。没有人才的帮助，刘邦不过是个亭长，刘备不过是个卖草鞋的，朱元璋不过是个要饭的穷和尚。

人脉布局的三个层次：点<线<面

社会是立体存在的关系组合，人际关系也是立体的关系。所谓人际关系，就是人们在社会生活中建立起来的相互间的活动总称。虽然是很简单的定义，却反映了一个基本事实，那就是我们回过头反思自己的人际关系、人际网络的时候，思维的触角到底该往何处延伸。

人们经常这样形容自己的生活状态：家，单位，菜市场，三点一线。就是这么单调的生活，毫无新意，很多人对这种无聊而乏味的生活模式厌恶透顶，仿佛自己就像被闷在罐子里的可怜的小壁虎，永远都看不到出去的那一天。这个三点一线的生活是谁造成的呢？是父母？还是领导？肯定都不是。我们忽略了一个问题：我们的人际关系是否合理？

古人说我们的人际关系应该是这样的：人生得一知己足已！现代社会，

如果你还抱着这种思想，那你的生活真的就很难脱离三点一线的单调模式了。原本应该是立体的人际关系，立体的社会，你将其硬生生过成了平面的。

现代社会交往形式的多样化，个人工作的复杂化，都要求我们在建立人际网络的时候能尽量拓宽人际关系的“宽度”。认识多少人才是理想状态？多多益善！从小学时候的同学、老师，到初中的伙伴、高中的同桌、大学的校友，到单位的同事、下属、领导、客户……凡是和自己发生交集的人群都应该是我们交往的对象，而不应该将其晾在一旁，不管不问。有的人也不是不想去结交更多的人，可笑的地方在于，他总是在等着别人来到他面前，跟他说：“你好，能认识一下吗？”可为什么对方一定要走向你，而不是其他人呢？主动走出去，结识更多的人，尽量拓宽人际关系的宽度，这是第一步。

第二，人际关系是有长度的。认识一个人，和让他成为自己的朋友，这期间会发生很多不可知的变数，很多人能将原本讨厌自己的人变成自己最亲密的朋友，也有人能将原本很喜欢自己的恋人变成陌路。从认识一个陌生人开始，到第二次接触，第三次……如此往复，从陌生人变成熟人，再变成朋友，这中间存在一个判断的问题，双选的判断。这段关系能维持多长时间，能不能维系好，是不是需要建立更深层次的关系，都需要认真思考。不能否认的是，人际交往过程中，我们对对方有一定的“要求”，比如他的知识、经验、技能、人脉圈子等方面，都会走进自己的大脑，按照一定的社会规则进行筛选。对方也会进行同样的判断和筛选。这个长度能否维系，既要看自己的实际需要，也要看你的人际交往技巧——对方对你没有积极正面的判断，而你却得出积极的判断。此时考验的便是个人的交往技能。

第三，便是人际关系的高度问题。人们的背景各不相同，每个人受教育的程度、成长经历、生活工作环境，是有一定的差别的；一个人的年龄、社会阅历、工作经验与技能，也是有区别的。我们的人际圈子，既要在一定的高度上能看见自己的身影，也要在相对的“低纬度”上有自己的声音。很多朋友总是纳闷，自己的朋友很多，但在关键时刻能给自己提供帮助的人却没几个。这到底是为什么？就是因为在人际关系的高度上处理不当，发生了偏移，将更多精力放在了和自己一个“高度”的人群上。

人脉的布局便是这样一个事实，它有自己的宽度、长度、高度，它是立体的，是一个三维的社会生活，而不是一个由点线组合而成的面，更不是简单的一个或两个点。

如果将我们的家看作一个点的话，单位便是另外一个点。很多朋友之所以觉得自己的生活单调、无聊、乏味，就是因为把自己的生活从一个三维的立体世界切割成了由两个点形成的线，或者是再加上菜市场三个点形成的一个面了，这样的世界自然是不完整的，碎片式的生活状态，自然找不到存在感了。

人际关系是多重的，彼此交叉重叠而存在，由我们每个人扮演的角色决定，子女，父母，同事，同学，领导，下属，客户，还有可能是社会公益事业的一分子，等等。这样的生活才是鲜活的。我们每天都在和“上下、前后、左右”的人发生种种不同的关系，这样一个关系网便构成了我们的生活圈子。

人脉布局的三个层次便是在这些点上展开，进而形成一条线，一条条的线组成一个面。点线面的组合最终形成了一个个的面，很多的面组合，最终便自然而然、水到渠成地形成了一个立体的健康的人际关系。当我们身处这种关系中的时候，我们才真正能称得上和社会发生着关系，否则便是某种意义上的与社会脱节，那样的生活自然是无聊而乏味的。最重要的是，线性的人际关系是不完整的生活状态。

生活原本对我们的要求是，在各种层面都能和它保持一定程度的联系与互动，但因为我们自己的不作为，导致某些层面缺失，这样的关系自然就缺少激情，缺少助力，缺少创新，缺少意味。

留心观察一下职场中升职较快的同事，你会在他们身上发现一个共同点：

与各个层面的人际关系都处理得很好。事实上，他们本身的业务能力并不见得是最突出的，但他们的人际交往能力是最突出的。

把“关系”升华为人生资本

不少朋友在生活中碰到过类似的情况：一个多年前的老朋友突然出现在你面前,跟你讲现在有点事希望你能帮忙。回想一下,自己当时是什么感受?可能除了惊讶之外，估计不会有太多老友见面的喜悦，有的只是无奈和突兀感。你会给予帮助吗？我想多数情况下可能会用几句寒暄打发过去，不会动真格的。

人脉是人生的第一生产力，前提是我们真的将人脉升华成自己的人生资本了。这种人脉才是真正的人生资本。如果像上面提到的情况，有人脉和没人脉差别并不是很大。同时，对方这种有困难才找你，没事的时候把你忘到九霄云外的做法，是不是也让人难以接受？所谓“用人朝前，不用人朝后”，这样为人处世得来的人脉圈，自然无法变成自己的资本。

生活中，事业上，职场中，如何激活自己的人脉，如何将辛苦经营的人际关系真正变成可以运用的人生资本，是每个人都需要冷静思考的关于人际关系的最后一个课题，也是最终的一个课题。因为前面做了那么多的工作，就是为了今天做准备的。

如何将人脉升华为人生资本？

第一，最根本的是提高自己的能力，把自己打造成一个独一无二的你。乒乓球运动员在比赛的时候有一个不成文的规定，那就是每个人都想和比自己实力强的选手对战，明知道肯定会输。因为，和一个比自己水平高的运动员对战，即便输了，也能从对方身上学到很多东西，比如心态，技巧的运用，临场的发挥，等等。这对于自己球技的提高有非常大的帮助，是任何训练都比不上的。但如果和一个比自己实力差的选手对战，即使赢了比赛，对自己的水平提高也没有任何实质性的帮助。折射到人脉圈子上，道理也是一样的。只有你自己强大了，才有可能让对方主动记住你，让他主动成为你的人生资本。比如人们都喜欢和比自己经验丰富，比自己技术高的员工来往，因为能学到东西。我们要做的就是比一般人水平更高的那一个。

第二，关系要常联系，不联系的关系不叫关系。

我还在做业务员的时候，每逢节假日都会给自己手机上的客户发一条节日祝福的短信，即便昨天刚见过，也不会少了他。记得有一次国庆假期，我还没有来得及给自己的客户发短信，一个很小的公司的老板主动给我发了条短信，内容虽然很简单，但却不是从网上抄来的，我很感动，干了一年多，第一次提前收到了客户的短信。节日过后，我立刻去了那家小公司，跟他的老板谈了一下午。本来按照他的销量，我们公司不可能给他任何优惠措施的，但我却给他申请了，而且动用了我能动用的关系，让他确实得到了这个优惠。光是优惠一项，他就铁定赚了。仅仅是一条短信的力量而已。

第三，遵守二八法则。这是一个神奇的法则，就是这个法则支配着世界。人们发现了一个很残酷的事实，原因和结果，投入和产出，努力和回报之间不是对等的，它们之间存在着人们无法解释的不平衡关系。不是说越努力，回报就越大，不是这么回事。比如，我们 80% 的努力其实往往只换来 20% 的收获，而 20% 的努力往往得到的是 80% 的回报；再有，社会上 80% 的财富掌握在 20% 的人手里；企业里，80% 的利润由 20% 的人创造，其他 80% 的人事实上并没有做出多大贡献。

人际关系也是如此，给我们提供 80% 的，只是那 20% 的人。所以，如果要将自己的人脉圈子变成人生的资本，要有重点地进行，将 80% 的精力放在那 20% 的人身上。有选择、有重点地进行跟进。

第四，背靠大树好乘凉。古今中外，凡是在事业上取得了非凡成就的人，绝大多数都和一个“大人物”有着直接或是间接的关系。每个人的成就都不是一天获得的，人不可能一口气吃个胖子，那些取得了非常成就的人，背后往往有一个不太引人注意，但却了不起的人物。就是借着这个人的东风，笼络了各方势力，借着他的威名，才获得了更多人的认可。比如，比尔·盖茨的母亲是 IBM 的董事，就是她帮儿子促成了第一笔大单；人们都知道巴菲特 8 岁的时候就开始挣钱了，那一年他去了纽交所，事实上，带他去的是他做议员的父亲，而接待他的则是高盛的董事；李嘉诚的成功，成为华人企业家的传奇，事实上，他最开始的生意是属于他岳父的，他岳母也在经济上给了他很大的支持；更别说小布什的父亲老布什本身就做过美国总统了……类似的例子不胜枚举。找到一个有实力，而且愿意帮助自己的人，这是每个追求事业成功者必须思考的问题。

第五，可能的情况下，让别人欠你点什么。最好是一份人情。回想一下自己在彷徨无助的时候，想到最多的一件事是什么？如果这个时候能有人来拉我一把，肯定会好很多。当有人出现这种窘况的时候，你出现了，你给了对方最迫切也最实际的帮助，这样的事情值得我们去做。其实，善待别人，就是善待自己。人生不如意常八九，三十年河东，三十年河西，谁都不知道明天的自己，将会面临怎样的挑战，在有能力的时候多帮帮那些需要帮助的人，在适当的时候让别人欠你一份情，对方会牢记在心的。如果真的不幸，有一天你需要有人来帮助，相信我，那个人将会是第一个。

人际关系是我们人生中的头等大事，良好的人际关系直接和未来的人生道路相连接。任何一个成功人士，他们在回忆自己创业阶段的时候，总会提起很多人，他们要感谢那些人，因为那些人曾经在他们需要帮助的时候，伸出过强有力的援手。那些关系是他们能取得今日成就的重要资本。就是今天，他们仍然会在人际关系的问题上谨小慎微，步步为营。因为“成也萧何，败也萧何”，一个良好的人际关系能成就自己，同样，一个糟糕的人际关系也能毁了自己多年的心血。如何建立良好的人际关系是一个严肃的人生课题，而如何将建立起来的“关系”变成自己的人生资本，就直接关系到事业的发展和人生的成败了。